くよくよ悩んでいる
あなたにおくる
幸せのストーリー

重～い気分を軽くする
認知行動療法の34のテクニック

著

中島美鈴

星　和　書　店

Seiwa Shoten Publishers

2-5 Kamitakaido 1-Chome
Suginamiku Tokyo 168-0074, Japan

イラスト　中島美鈴

はじめに

この本は、落ち込んだり、不安になったり、人間関係で悩んだりする女性たちが、「認知行動療法」のテクニックを使って、問題を解決していく23のお話から成り立っています。

認知行動療法って？

物事の受け取り方や、それに対する行動を少しだけ変えてみることで、気分を軽くしたり、問題を解決していく方法です。うつや不安、人間関係の悩みなど幅広い問題に効果のあることがわかっています。

本書に出てくる認知行動療法の技法

本書では、アメリカの精神科医であるデビッド・バーンズ先生の次の著書で紹介されている技法が出てきます。

・『もういちど自分らしさに出会うための10日間』（星和書店、２００９）
・『不安もパニックも、さようなら』（星和書店、２０１１）
・『人間関係の悩み　さようなら』（星和書店、２０１２）
すべての技法が自分になじむとは限りません。一つでも二つでも、今のあなたにぴったりのものが見つかればと思います。

こんな人に……

☑くよくよ悩んでしまう性格がいやだ
☑取り越し苦労が多い
☑将来が不安だ
☑彼（夫）とうまくいかない
☑母が重くてたまらない
特にうつや不安、人間関係の悩みを持つ方に読んでほしいと思っています。

こんな効果があります

この本には、ユニークな認知行動療法のテクニックがたくさん載っています。本を読み進めるだけで、テクニックをどのように使えばよいのかを自然につかむことができます。あなたが今抱えている悩みを解決できるヒントになるでしょう。悩み方のコツがわかるようになるので、次に似た悩みに出くわしそうになったときに、悩みが軽くて済むか、予防できるかもしれません。

本書の構成

本書に登場する23人の女性は、特定の人物を表すものではありません。それぞれの人物の悩みを紹介し、Q＆A形式で一つひとつ問題を解決していくストーリー仕立てになっています。

こんなふうに使ってください

この本を読み進めるだけです。

最初から順に読んでもよいですが、目次を見て、興味のあるお話だけをかいつまんで読んでいただくこともできます。自分と似た悩み、似た困り事を抱えるお話が見つかれば、大きなヒントになるはずです。

もくじ

技法一覧

Case 1

業績不振で悩む聡美《さとみ》さん（30代女性）

以前の私は、契約件数がトップでそれが自慢だったのです。でも最近思うように営業成績がふるいません。50人いる社員の中で5～10位くらいです。営業に向いていないんでしょうか。このままだと会社に迷惑をかけてしまいます。「しっかり営業成績をあげないと給料泥棒になる。成績があげられないなんて、サボっているに等しい！」と自分に言い聞かせてがんばっているのですが、つらくなってきました。どうしたらいいでしょうか。

← 聡美さんの悩みに答えるQ&A

Q1

仕事で成果が出ないと、自分を責めてしまいます。

聡美さん

A

友達の悩みにこたえるつもりで自分に優しく声をかけて。
――思いやりに基づく技法

キーワードは「信念」

私たちは、生きていくなかで、知らず知らずのうちに、「私ってこういう人間だ」とか「人はこういうものだ」とか、「世の中はこういうものだ」という自分なりの人生観や価値観を持っているものです。たとえば、「私はどうせ嫌われ者だ」とか、「他人は冷たい」とか、「世の中はがんばっていれば報われるものだ」などがそうです。これらを認知行動療法では「信念」と呼んでいます。私たちはこの「信念」を枠組みとして、自分自身や相手、世界を理解しようとしていきます。いわば、世界を見るためのフィルターのようなものです。

「信念」は、私たちがごくごく幼い時期に作り上げられます。主に親などの養育者とのかかわり、兄弟関係など家族との経験、その他いろいろな状況が影響を及ぼします。

信念は世界を見るフィルター

こうして出来上がった信念は、現在の私たちの心の奥底に根づいています。たとえば、「私はどうせ嫌われ者だ」という信念を持っている人は、初対面の人に対して「どうせこの人も私のことを嫌いになるだろう」と考えてしまうかもしれません。反対に、「嫌われないように、この人の機嫌をとって喜ばせなければ！」と必死になるのかもしれません。

私たちは信念に当てはまる事実に、より目を向けて大きく受け止める傾向があります。誰かに嫌われてしまったときに、「ああ、やっぱり思ったとおり、私は嫌われ者なんだ」と落ち込みながらも、どこかほっとしている自分もいるのです。誰かに愛される経験があったとしても、「あれは、相手がちょうどさみしかったからつきあってくれただけだ」などと考え、信念と食い違う事実について割り引いて受け止めてしまうのです。

業績や成功に依存してしまう信念

私たちの心の奥深くに潜む「信念」の中でも、「達成」に関する信念は、仕事の業績や成績、成功や才能などの成果を重視するものです。達成の信念には、次ページの表のようなものがあります。当てはまるものはありませんか？

この成果重視の傾向が強すぎると、皮肉にも緊張や不安を高め、本来の能力を発揮できずに成果を得られなくなってしまいます。

また、世の中にはがんばっても成果が得られないこともしばしばあります。そのようなときに自分はもうダメ人間だと落ち込み、大きな打撃を受けてしまうことでしょう。

達成の信念が強い人は、なんとか業績をあげようとがんばります。しかし、それが皮肉にも、うまくやろうとするから余計に緊張してしまうことにつながるのです。完璧にしようとするため、つらくなるのです。物事を完璧に達成し、業績をあげようとする信念が、不安を高め、結果的に成果をあげにくくさせているのです。

あれ……
緊張のあまり
異様な雰囲気
の営業に
なってる……

達成の信念

- **業績の完全主義**：常に完璧を求めるべきという信念。失敗したり、目標に到達できないと自分を責める。
（例）仕事のすべてにおいてミスをしてはいけない。
毎日完璧に家事をこなさなければならない。
- **自己認識の完全主義**：自分が才能豊かで完璧でなければ、人から受け入れてもらえないという信念。
（例）自分のだらしのないところを他人が知ったら軽蔑されるだろう。
私が本当はどういう人間かを知られてしまったら皆離れていくだろう。
- **業績への依存**：知性、才能、業績、生産性などが高くなければ、自分は価値がないと考える。
（例）仕事を失った自分はもはやダメ人間で価値がない。
資格もないし、技術もないから世の中に必要とされないのだ。

聡美さんの場合

営業職の聡美さんは、「契約件数では誰にも負けない」と自負していました。営業の仕事をしている人にとってこれはとても誇らしいことでしょうし、自負するのが悪いわけではありません。しかし、聡美さんの場合はこの傾向があまりに強かったため、契約件数によって自分の存在価値が左右されていました。つまり、聡美さんは達成の信念が強すぎたのです。そのため、営業成績の悪化とともに自分の価値も下がったような気がして、ひどく落ち込み、自分を責めるようになっていたのです。

思いやりに基づく技法

達成の信念を修正する場合には、**思いやりに基づく技法**が有効である場合が多いでしょう。私たちは知らず知らずのうちに二重基準を使っているからです。

たとえば、自分がコーヒーをこぼして服を汚してしまったときには、「なんてドジなんだ！」と容赦なく自分をののしり責める人も、親しい友人が同じ失敗したことについては、「気にしない方がいいよ。よくあることだよ」といった具合に、親切で客観的な態度をとることができるでしょう。このように、なぜか自分に対しては、最も厳しく残酷な基準で接しているのです。

この技法では、親しい友人にも自分にも、同じ基準を用いることがポイントです。つまり、親しい友人に向ける態度と同じような、親切で客観的な態度を自分自身に向けるようにするのです。

聡美さんは、もし自分の親友が同じように営業成績が低迷し悩んでいるとしたらどういった言葉かけをするかと考えてみました。

聡美：営業というのは、そういう時期もあるわ。それでも続け努力していれば必ず成果の出る日は来るのよ。それに第一、50人中、10位以内なんて上の方じゃない。会社のお荷物なんて思わなくていいわよ。

聡美さんは不思議なほど、人になら優しい言葉をかけられる自分に気づきました。なぜ自分にだけあまりにも厳しい言葉をかけていじめてしまうのでしょうか。聡美さんはもう少し自分にも優しい目を向けてもよいと思えるようになりました。

Q2

私みたいなダメ人間、会社のお荷物です。

聡美さん

A

そもそもダメ人間の定義って？
――言葉を定義する技法

うつや不安を呼ぶレッテル貼り

うつや不安で悩む多くの人は、視野が狭くなり、極端な判断をしがちになります。そういうなかで、思わぬレッテルを自分に貼って、余計に自分を苦しめることがあるのです。レッテルは、偏見に満ちていて、事実に反することがよくあります。

レッテル貼りのよくある例は、「できそこないだ」「社会人失格だ（母親失格だ、教師失格だ……など無数にあります）」「普通になれない」「負け組」「ダメ人間」などです。

一歩立ち止まって、原点に戻ろう

そもそも、聡美さんのいう、「ダメ人間」とはどういう人のことを指しているのでしょう？　ここでは、自分を悩ませているレッテルについて、あえて原点に戻って、定義してみるのです。

この方法を、**言葉を定義する技法**と呼びます。この技法ではこれらの言葉を改めて定義してみます。

聡美さんは、「会社のお荷物でダメ人間とはいったいどういう人間のことを言っているのか」と考えてみました。聡美さんは「自分のように営業成績が振るわない社員のこと」と定義しました。それでは自分の営業成績よりも下回っている他の40人の社員は全員会社のお荷物でダメ人間なのでしょうか？　即座に聡美さんは否定しました。

「いいや、他の人は営業成績が悪くても、いくらでも取り柄のある立派な人たちなのよ」

そう考えながら聡美さんは気づきました。

「営業成績だけが必ずしもダメ人間かどうかを左右するものではないのに、自分はなんて偏った評価をしていたんだ」

自分の思うマイナスの言葉を、明確に定義しようとすると、とても難しいことに気づくはずです。定義を明確にしようとすればするほど、次の4つのいずれかに当てはまってしまい、うまく定義できないからです。

①そのレッテルはすべての人に当てはまる。
②そのレッテルは誰にも当てはまらない。
③そのレッテルは本質的に無意味である。
④そのレッテルは自分に当てはまらない。

気づきにくいレッテル

悩みの渦中にいると、自分自身に向けられたレッテルには気づきにくいものです。悩んでいるとき、その悩みをあえて文章にして口に出してみましょう。

もし、「ああ、自分が嫌い」と悩んでいるとしたら、いったいどんな自分になろうと悩んでいるのかも考えてみてください。たとえば、「もっと優しい人間になりたいだけなのに……」。そう悩んでいるとしたら、「優しい人間」の定義を考えてみましょう。優しい人間とは具体的にどういう人間のことを指しているのでしょう。その定義に、無理はありませんか？ たとえば、「優しい人間＝《イコール》どんなときにも、誰にも、平等に常に優しく接することのできる人間」と定義した場合、極端すぎはしませんか？ 聖人を目指すことは素晴らしいことです。しかし、たとえばこの定義に、「できる限り」とか「自分の体調や気分の比較的よいときには」などの条件をつけた方が、いい時もあり悪い時もある人生をしなやかに生きていくことのできる柔軟性を身につけることができます。

たとえばもし、「こんな毎日、もううんざりだ。もうおしまいにしたい」と悩んでいるとしたら、具体的にうんざりな毎日ではなく、どんな毎日を送りたいと思っているのでしょうか？ もしかしたら、「贅沢《ぜいたく》はいわない、みんなと同じような普通の暮らしがしたいだけなのに」と考えているのかもしれません。その場合には、「普通の暮らし」について定義してみるとよいでしょう。「普通の暮らし」とは、いったいどういう生活のことでしょう？ どんな一日の始まりで、誰とどんなことをすることでしょう？ どこに住んで、どんな態度でい

そういや
「フツーの人」って
まわりにいないわね

る生活なのでしょう？　いざ定義しようとすると、「普通の暮らし」についてかなり漠然としかイメージできていなかったことに気づくかもしれません。「普通の暮らし」をしっかりイメージできた場合にも、そのとおりの暮らしをして幸せにしている人を何人知っているのでしょうか？　いわゆる普通の人ってどのくらいいるものでしょうか？　いざ誰かの人生に近づいてみると、それぞれに大なり小なりの悩みや重荷を背負っているものです。

自分のレッテルに気づいて、視野を広げるための方法です。ぜひお試しください。

Q3

仕事で全く結果が出せなくなりました。仕事の出来ない自分にうんざりします。

聡美さん

A

仕事が出来る・出来ないの中間は？
——灰色の部分があると考える技法

世の中のほとんどのものが灰色に位置している

世の中の多くの事象は、白か黒かで明確に評価できず、多くが灰色の部分に位置しているものです。

たとえば、みなさんの周りの人を思い浮かべてください。完全な「善人」もいなければ、完全な「悪人」もなかなかいないことでしょう。その代わりに、「あの人は仕事のパートナーとしてはよくしてくれる」とか、「あの人は、こちらがプライドを傷つけることをしない限りはよくしてくれる」とか、「自慢話が鼻につく人だけど、意外に優しい」とか。そこそこにいいところ、そこそこに癖のあるところがあるものです。なかなか、完全なる悪人や善人には遭遇できないことでしょう。

また、他の例を挙げれば、失恋したときに、「あの人を思い続けてきた3年間が無駄だった」と「失敗」という結論を下す人もいるかもしれません。が、少し時間がたったときに「いいえ、あれは決して無駄な時間というわけではなかった。彼を思い続けたことで、確かに傷ついたり、失ったものもあったりしたけれど、こんな自分を発見できたし、変わることができた」と完全に失敗でもなく、完全な成功でもないというふうに、考え直すかもしれません。

白黒思考に陥る理由

しかし、私たちはついつい、白か黒かといった極端な判断に陥ってしまいます。なぜなら、私たちが状況を理解しようとするときには、白か黒かといったシンプルな判断をした方が、情報がわかりやすく、ラクだからです。たとえば、私たちが初対面の人ばかりの集団に入らなければならないとき（入社式や転居先の人づきあいなど）、「みんなと仲良くできるだろうか」という不安を大なり小なり持つことでしょう。なんとか手っ取り早く、誰がどんな人なのかを知ることで、その集団で誰と仲良くして、どう振る舞えばいいかを知りたいと思うとします。すると、「あの人はいい人っぽい。あの人はちょっと要注意」などと手早く判断し、ひとまずの白か黒かのラベル付けをします。「この人はどんな性格で、何が好みなんだろうか」などといった曖昧《あいまい》な判断では、時間もかかるからです。とりあえずの白か黒かの判断をすることで、当面自分がこの集団の中でどう振る舞えばよいかがわかってきます。不安から少しでも早く解放されるのです。

白黒思考はこんなに損をする

白か黒かという判断は、素早くできるという点でとても役立つ考えです。しかし、その最大のデメリットは、詳細な情報を無視して極端な判断をしてしまうことで、その結果私たちが極端な感情を体験してしまうことです。

「あの人は悪人だ」と思い続けていれば、怒りがふつふつとわいて、夜も眠れなくなるかもしれません。仕事上やご近所づきあい上、避けて通れない相手だった場合、その人と接する毎日が苦痛になるでしょう。

「あの人は善人だ」と思い続けていれば、その人に対する好意でいっぱいになるでしょう。しかし、その人が少しでも自分の期待に沿わないことをしたときに、大きく失望してしまうかもしれません。

物事を白か黒かで早急に判断することで、私たちは極端な感情のジェットコースターに乗せられてしまいます。いい人間関係を築くことも難しくなるでしょう。

灰色の部分があると考える技法とは

灰色の部分があると考える技法は、自分自身を白か黒かといった二者択一的に判断するのではなく、その中間の灰色の部分で評価しようというものです。

聡美さんは、自分は「仕事で全く結果を出せない」と悩んでいました。このとき、聡美さんは、自分の営業成績を成功か失敗かの白か黒かで捉えていたようです。白か黒かで考える代わりに、灰色の部分もあると捉えることにしました。聡美さんの営業成績は5位から10位。トップではないけれど、最下位でもありません。にもかかわらず、聡美さんはまるで大失敗のような評価をしていました。

聡美：灰色があってもいいんだ。私の成績はまずまず……いや、むしろいい方じゃない。

こうして聡美さんは、自分の営業成績について極端な捉え方を修正しました。その結果、以前より仕事のときにリラックスできるようになり、営業成績も次第に回復していきました。

Case 2

恋愛依存の尚子《なおこ》さん（20代女性・学生）

私は、いつも彼が本当に自分を好きでいてくれるのかどうか不安でたまりません。勉強しているときでも、友達といるときでも、家族といるときでも、常に頭の中は、彼氏のことでいっぱいです。いつ彼からのメールがきてもよいように携帯電話を肌身離さず持ち歩くため、落ち着いてお風呂にも入れないほどです。私がこんなに常に彼のことを考えているのに、彼はなかなか連絡をくれません。私はほったらかされて、さみしい女です。

← 尚子さんの悩みに答えるQ&A

Q1 恋愛依存症は治りますか？

尚子さん

A 恋愛依存から抜け出せない理由を探そう。
――メリット・デメリット分析

あなたの心の奥深くに潜む「信念」の中でも、「愛情」に関する信念は、人から認められたり、愛情をもらったりすることに自分の価値をおくところに特徴があります。人から愛されたい、認められたいと願う気持ちは、誰にでもあるごく自然なものでしょう。しかし、「人から認められないと自分は生きていけない」、もしくは「愛されなければ私はなんの価値もない人間だ」のような、人からの愛情に自尊心が大きく左右されるとしたら、人生はとても生きづらいものになるでしょう。人からの愛情に依存する信念に気づき、修正することで、幸せに近づくことができるのです。以下に愛情に関する信念を挙げます。当てはまるものがあれば注意してみましょう。あなたの価値は本来人からの愛情や承認によって左右されるのではなく、生まれたときからずっとどんなことがあろうと揺るがないのです。ひとりぼっちでも、結婚していても、認めてくれる人がいなくても、愛されていても……それらはあなたの価値とは関係ありません。

愛情の信念

- **承認への依存**：自分が価値ある人間であるためには、全員の承認が必要だ。

（例）会議で発言したとき、大半の人は賛成していたが2人が反対した。そのことがストレスでたまらない。

- **愛情への依存**：私は、愛されていなければ幸せになれないし、満足もできない。

（例）恋人に捨てられてしまった。もう私は一生幸せになどなれない。

- **拒絶への恐怖**：誰かに拒絶されるということは、自分に何かまずいところがあるからだ。ひとりぼっちでは、みじめで自分など価値のない人間に思える。

（例）あの人に嫌われてしまったのは私がダメな人間だからだ。

尚子さんの場合

恋人の愛情に不安を抱き続ける尚子さんは、まさに愛情の自虐的信念に振り回されているようです。「恋人に愛されていなければ私は何の価値もない」と思っているために、恋人からの連絡や機嫌によって愛情を確かめ、それによって自尊心が揺らいでいるのです。それでは、この愛情の信念を修正するにはどうすればよいのでしょうか。

愛情の信念を修正する第一歩としてのメリット・デメリット分析

愛情の信念を修正するために、まず尚子さんは最初のステップとして、愛情の信念の**メリット・デメリット分析**を行いました。

メリット・デメリット分析では、「私は恋人から愛されなければ幸せになれない」という信念の、どんな点が自分に役立ち、どんな点が自分を傷つけるのか。どんな利点や欠点があるのかを考えます。そして、この信念のメリットとデメリットを比較し、足して１００点になるようにそれぞれに重みづけをします。

デメリットの点数の方が大きい場合には、より現実的で有用な新しい信念に取り替えた方がよいでしょう。尚子さんは以下のように分析しました。

❖**信念**：私は恋人から愛されなければ幸せになれない。
・**メリット**：恋人が優しく愛してくれているときにはこの上ない喜びに浸ることができる。（40）
・**デメリット**：恋人の態度によって一喜一憂する不安定な毎日を送ることになる。（60）

尚子さんの挙げたメリットはとても魅力的なものでした。尚子さんは恋人から愛されていると感じるときは、「生きていてよかった！」と思えるほど最高の気分を味わっているのです。しかし、その最高の気分の裏に隠された罠《わな》に書き込みながら気づいたのです。自分の幸せは、「恋人が優しく愛してくれているときには」という条件付きのもので、しかもそれは恋人の気分次第という自分のコントロールできない条件なのです。尚子さんははっとしました。これでは、いつまでも恋人依存から脱出できず、不安定な気持ちのままで、幸せとは程遠い毎日を送ることになるのだと気づいたのです。

人はメリットの大きい行動しか続けない

次に尚子さんは、メリットとデメリットを見比べてみました。どちらの方が自分とってインパクトが大きいか比べるのです。尚子さんは、メリットよりもデメリットの方が大きいと判断しました。

尚子：そりゃ、そうでしょう。恋愛依存を治したいって思ってるくらいだから、このままじゃいけないし、うんざりしてるの。デメリットの方が大きいのは当然でしょう。

しかし、ここには大きな矛盾があります。通常私たちは、デメリットよりもメリットの方が大きい行動でないと、続けていかないという特徴があるからです。一見、デメリットばかりに見えるような、なかなかやめられない癖――たとえば夜更かしや先延ばし主義など――にも、それらの背景には、デメリットを上回るようなメリットが隠れているのです。

隠れたメリットを探す

そこで尚子さんはもういちど考えてみました。恋人が自分を愛してくれているかどうかで、自分の幸せが決まってくる生活。この中で尚子さんは、常に恋人の表情やメールの回数、言葉や声のトーンなどに敏感になっていました。その代わりに、自分自身のことや友人や家族などの人間関係のこと、学校の課題や将来のことについては、全くといっていいほど気持ちが向いていませんでした。もし尚子さんが本当に幸せになりたければ、自分自身について考える時間が必要だったり、友人や家族との時間を大切にしたり、学校で夢中になれるものを見つけたり、将来の進路や夢について思い描いたりする時間はとても大切なはずです。尚子さんは、こうしたことについて、自分で取り組むことなく、自ら幸せになるための努力をせずに、すべての幸せの決定権を彼に委ねていたのです。

尚子さんは、自分のことが好きではありませんでしたし、自信もありませんでした。しかし、彼から愛されていれば、自分のことを少しはマシな人間だと思うことができました。そうすることで、自分の嫌

隠れたメリットを探すのにはちょっと時間かかるよ
じーっくりね

な部分を見たり、その部分を改善しようと努力しなくてもすむのです。また、尚子さんは卒業後の進路について全く決めきれずにいました。特にやりたい仕事もみつからないし、毎日仕事をしている自分も全く想像できません。就職のことなんて、考えたくもないのです。恋愛にのめりこんでいれば、こうした面倒なことを考えずにすみました。

尚子さんはこうして考えていくなかで、実は自分は自分の性格についての問題や、将来のことに関する問題を持っていたことに気づきました。これらの問題は、恋愛に依存していても、一向に解決しないどころか、余計に恋愛依存を加速させていたのです。逆にいえば、尚子さんはこれらの問題を解決することで恋愛依存から脱出することができるのです。

尚子さんは、このメリット・デメリット分析によって、尚子さんは愛情の自虐的信念を修正しようという気持ちを強め、自分の価値が恋人から愛されているかどうかに左右されるべきでないこともわかりました。また、恋愛依存によって、自分が取り組むべき問題を避けていることもわかりました。

Q2

私はこんなほったらかされた
さみしい女でいたくないんです。

尚子さん

A

「さみしい女」の定義って何？
極端な考えに気づこう。
――言葉を定義する技法

うつや不安を呼ぶレッテル貼り

うつや不安で悩む多くの人は、視野が狭くなり、極端な判断をしがちになります。こうしたなかで、思わぬレッテルを自分に貼って、余計に自分を苦しめることがあるのです。レッテルは、偏見に満ちていて、事実に反することがよくあります。

レッテル貼りのよくある例は、「できそこないだ」「社会人失格だ（母親失格だ、教師失格だ……など無数にあります)」「普通になれない」「負け組」「ダメ人間」などです。

一歩立ち止まって、原点に戻ろう

そもそも、尚子さんのいう、「さみしい女」ってどういう女性のことを指しているのでしょう? ここでは、自分を悩ませているレッテルについて、あえて原点に戻って、定義してみるのです。

この方法を、**言葉を定義する技法**と呼びます。この技法ではこれらの言葉を改めて定義してみます。尚子さんは、自分に対して「さみしい女」とレッテル貼りをしていました。尚子さんは「さみしい女」を「恋人から休日もほったらかされて、メールももらえない女性」と迷わず定義しました。これまで、恋人と休日を過ごせず、メールも返してもらえない女性はみじめで、価値がなく、不幸せだと思い込んでいたからです。しかしこの定義には、欠点がたくさんありました。というのも、定義を明確にしようとすればするほど、次の4つのいずれかに当てはまってしまい、うまく定義できないからです。

①そのレッテルはすべての人に当てはまる。
②そのレッテルは誰にも当てはまらない。
③そのレッテルは本質的に無意味である。
④そのレッテルはあなたに当てはまらない。

定義を当てはめてみよう

尚子さんは、恋人と休日を過ごせずメールももらえない女性は、さみしい女であると定義しました。しかし、周りの女友達には、休日をひとりで優雅に楽しそうに過ごしている人がたくさんいます。映画が大好きな親友のマリは、毎週土曜日には、ひとりで映画館へ行き、一日中映画に没頭するそうです。マリには恋人がいますが、映画館にはひとりで行きます。楽しそうにしているマリを見て、尚子さんは「さみし

い女」と思ったことは一度もありません。マリは恋人からほったらかされているというよりは、ひとりの時間も上手に楽しめている様子です。

そもそも恋人がいなくても素敵で幸せそうに見える女性もたくさんいます。

また、恋人から愛されずうまくいかずに悩む友達の中にも、素晴らしく尊敬できる人はたくさんいます。親友のアキは、恋愛が長続きせず恋人が数カ月ごとに変わりますが、そのたびにとても愛してくれる恋人に出会ったり、冷たくそっけない恋人に出会ったりしていました。かといってアキの人間としての価値は、数カ月ごとにコロコロ変わるかというと、そうではありませんでした。

こうして尚子さんは、周囲の友達に定義を当てはめてみることで、改めて「恋人から愛されているかどうかによってその人がさみしい女かどうかが変わるわけではない。恋人からどう扱われているかが重要なのではなく、自分の生き方が大切なのではないか」と気づくことができました。これまでの自分がいかに偏見に満ちたレッテルを自分自身に貼りつけていたかもわかりました。

Q3

恋人がいるというのに、休日をひとりぼっちで過ごすなんて、おかしいです。

尚子さん

A

本当にひとりではつまらないかどうか確かめよう。

——満足度予想技法

誰にでもある信念

尚子さんのような気持ちになることはありませんか？　たとえば、「どうして誕生日なのにひとりぼっちでいなくちゃいけないの？」とか「世間は連休だというのに、どこにもお出かけできないなんて不幸せだ」といった具合です。

誰しも、「○○はこうあるべきだ」といった価値観があるものです。この価値観は認知行動療法では「信念」と呼ばれます。この信念に基づいて行動することで、これまでの経験を踏まえて一番効率的に幸せに近づくことができます。「部屋はきれいに片づいているべきだ」という信念を持っていれば、部屋の掃除を欠かさないでしょうから、部屋はきれいに保てますし、気分よく過ごせます。

しかし時に、こうした価値観のせいで不幸になる場合があります。先ほどの例でいえば、体調を崩して掃除機をかける余裕がないときにも、「部屋はきれいに片づいているべきだ」という信念を持ち続ければ、実際にはきれいに片づいていない部屋にいるとイライラした気分が続くでしょう。

私たちが刻々と変わる状況に応じて柔軟に生きていくためには、信念も状況に応じて多少の修正をしていくことが必要になります。ところが、小さい頃から身につけている信念ほどなかなか手ごわいものです。こうした信念の修正を目指す技法として、次の**満足度予想技法**が挙げられます。

信念の修正に役立つ満足度予想表

満足度予想技法は、「満足度予想表」を使って、自分にとって喜びや成長につながるだろうと思われる活動について、実際の満足度を検証するものです（次ページの表参照）。愛情の自虐的信念を持つ人の多くが、「自分を愛してくれる誰かと一緒でないと、何をしていても楽しくない。自分ひとりでは人生は孤独でさみしいものだ」と思い込んでいます。その思い込みを実際に試して確かめる試みです。具体的には、それぞれの活動について、誰と行うのか、活動前に予想した満足度、活動後に実

満足度予想表			
活動の内容 喜びや自分の成長につながりそうな活動を記入	**一緒に行う人** 一人で行うときは「自分と」と記入	**予想される満足度** 活動する前に満足度を0～100%で予想	**実際の満足度** 活動した後に満足度を0～100%で記入
部屋の片づけ	自分と	5%	80%
映画を見に行く	恋人と	100%	30%
コーヒーを飲む	自分と	30%	60%
メールする	恋人と	100%	0%

文献2のp.747をもとに作成。

際に得られた満足度を記入します。

尚子さんは、ある休みの日に満足度予想表を用いてみました。その日は午後から恋人とデートの約束をしていました。午前中に部屋の片づけをして、午後から恋人と映画デートをしようという計画でした。夜にはひとりでコーヒーでも飲んで一息ついて、また恋人と電話しながらリラックスして眠りにつきたいと思っていました。

まず朝、尚子さんはあまり乗り気ではないまま部屋の片づけを始めました。しかし、予想に反して、なんとゴミ袋4袋分の不要物を捨てることができ、部屋は快適で美しく生まれ変わったのです。充実感でいっぱいになり、すがすがしい気持ちになりました。こんな達成感や高揚感は久しぶりでした。

午後からは恋人と映画を見に行く約束をしていました。尚子さんはわくわくしながらおしゃれして待ち合わせ場所に向かいました。しかし恋人は寝坊して遅れてきたため、目的の映画の上映時間に間に合わず、見ることができませんでした。その上さらに、恋人は「いつも仕事で疲れているのだから休みの日くらい昼過ぎまで寝ていたい、映画になんて行きたくなかった」と言い出し、不機嫌になりました。尚子さんは、恋人の気持ちが自分から離れてしまったのだと感じて、全くデートを楽しめませんでした。早々にデートはおひらきになりました。

帰り道に、尚子さんは友達にコーヒーでも飲みながら話を聞いてもらいたいと思いました。しかし、あいにくどの友達もつかまりませんでした。それで仕方なくひとりでコーヒー店に入りました。ひとりで入ってコーヒーを飲むなんてまるで友達がいない人みたいでみじめな気持ちになるだけだと思っていた尚子さんですが、温かく香ばしいコーヒーを口に含んだ瞬間、恋人とのことで傷ついた心が少しだけほぐれるような気がしました。

帰宅して、恋人に「さっきはごめんね」とメールしてみました。数時間たっても返事はないままでした。尚子さんは落ち込み、不安でたまらなくなりました。「もしかしたらメールが届いていないのかもしれない」と考え、もう一度送信してみましたが、やはりなんの返事もありませんでした。寝る時間になっても、ベッドの中で何度も何度も携帯電話を確認しましたが、それでもなんの連絡もないままでした。

その日の終わりに、尚子さんは満足度予想表を記入して（31ページ参照）、あることに気づきました。今日一日で実際に最も満足した活動は、部屋の掃除だったのです。あれほど大好きな恋人との活動はどちらも予想に反して、満足度が低いどころか、自分を不安にさせてすらいました。尚子さんは言いました。「案外私はひとりの時間も楽しめるのかもしれない。恋人と一緒なら100％満足だと思い込んでいたけれど、実際にそうとは限らないんだな。恋人に期待しすぎていたのかなぁ。思ったよりひとりでいるのは悪くないのかも」。尚子さんの中で少しだけ自立心が芽生えました。そしてなにより、「幸せで満足な生活をするには、必ずしも恋人が一緒にいなくてはならないわけではない」と思えるようになりました。

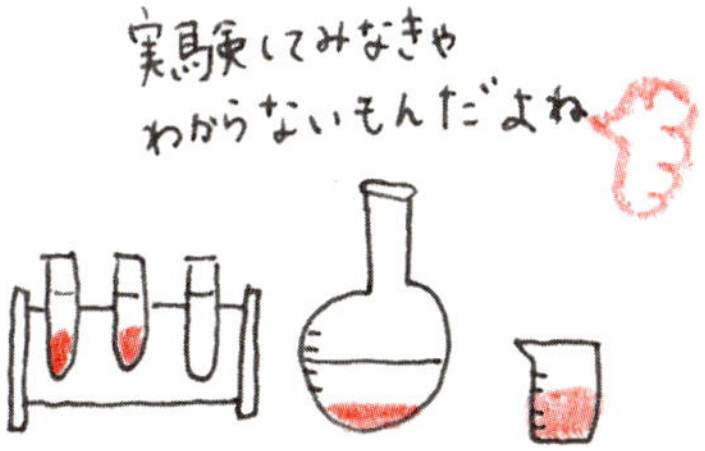

Q4

優しかったり冷たかったり……彼の気持ちがわかりません。

尚子さん

A

好きと嫌いの間を見つめよう。
——灰色の部分があると考える技法

灰色の部分があると考える技法

世の中の多くの事象は、白か黒かで明確に評価できず、多くが灰色の部分に位置しているものです。この**灰色の部分があると考える技法**は、自分自身を白か黒かといった二者択一的に判断するのではなく、その中間の灰色の部分で評価しようというものです。尚子さんは、恋人の愛情を白か黒かで捉えるのではなく、灰色の部分もあると捉えることにしました。

尚子さんの恋人は、気分屋で、感情をそのまま尚子さんにぶつけるタイプです。映画デートの一件でも、遅刻した罪悪感からか、疲れからか、尚子さんに八つ当たりしていました。しかし尚子さんにはそうは思えません。「私がもっと恋人の仕事疲れに配慮していればよかったんだ。映画を見に行こうなんて言わなければよかった」と自分を責め、恋人から嫌われたのではないかとびくびくしていたのです。

みなさんは、尚子さんの恋人は、本当に尚子さんのことを愛していると思いますか？　もし恋人の、尚子さんに対する愛情が完全に冷めきっているとすればそもそも映画デートなどしないでしょうし、もう別れていることでしょう。反対に、もし尚子さんに対する愛情があふれんばかりであれば、デートの後にフォローのメールや電話があってもよさそうです。つまり、実際恋人に愛されているかどうかは、白とも黒ともつかない灰色というところのようです。

尚子さんにとって、恋人の愛情を白でもなく黒でもない灰色と評価したのは初めてでした。これまで尚子さんは恋人から愛されていると感じればこの上なく幸せの絶頂を味わい、見捨てられたと感じれば不幸のどん底を味わってきました。灰色の部分ができたことで、こうしたジェットコースターのような日々は多少改善しそうです。

あの人は 私のことを
すき、きらい、すき、きらい…
そういえば
これも
白か黒かの
考え方よね

尚子さんのその後

尚子さんはその後も灰色の部分もあると考える練習を続けました。そのうち、恋人の愛情を即座に白か黒かと決めつけてしまうことなく、「明日まで待ってみよう」「恋人だって人間なのだから気分の波はあるさ」などと思えるようになってきました。恋人の方も、尚子さんのそうした余裕のある態度や安定感を感じとっていました。いつしか尚子さんは恋人にとって一緒にいて心地いい情緒の安定した女性になっていたのです。また、尚子さんは、恋人の機嫌ばかりを気にするかわりに、ひとりの時間も楽しめる女性になりました。恋人の態度に振り回されず、自立した自尊心を手に入れることができたのです。

Case 3

家庭に振り回される由《ゆ》紀《き》さん（40代女性・主婦）

10年ぶりの同窓会に出るため、夜、家を空けることになりました。わくわくしながら会場に向かう途中、夫から電話がありました。夫は仕事で遅くなる予定でしたが、急に早く帰宅できることになりました。私は慌てて同窓会に出るのをやめて夕食を作りに急いで帰らなければなりませんでした。女性ってやっぱり不自由で、いつも家庭に振り回されているんです。夫はわりと機嫌がコロコロ変わりやすい人で、私は夫の機嫌が悪くなるたびにびくびくしているんです。

← 由紀さんの悩みに答える Q&A

Q 1

女性ってやっぱり損？　家庭に振り回されるのがつらいです。

由紀さん

A

自分が本当に振り回されているのは何？

──「そうしたらどうなるか」技法

職場や家庭、交友関係などにおける対人関係において、いつもなぜか振り回されてばかりいたり、我慢ばかりするはめになってしまったり、自分を責め、みじめな気持ちにばかりなっているとしたら……もしかしたら相手に原因があるというよりは、自分の中に「相手に尽くし、対立せず、問題はすべて自分のせいだと思わなければうまくいかない」という、相手に服従しようとする思い込みがあるからかもしれません。

人との対立を避け、相手を喜ばせ、相手に服従しなければ対人関係がうまくいかないと思い込み、その結果自分を粗末にしたり、みじめな立場に追い込んだりしていませんか。以下の3つに当てはまるものがないかを確認してみましょう。

服従の信念

- 他者を喜ばせる：自分がみじめになっても、常に相手を喜ばせなければならない。
（例）自分の休日の予定をキャンセルしてでも常に恋人に尽くさなければならない。
- 対立への恐怖：互いに愛し合っている人間同士は決して喧嘩したり口論したりしない。
（例）私は恋人と喧嘩をしてはいけない。対立する事態を避けたい。
- 自己非難：私の対人関係上の問題は、自分に落ち度があるにちがいない。
（例）上司があんなに怒っているのだから自分に落ち度があるのだろう。

そうしたらどうなるか技法

これらの服従の自虐的信念を克服するためにはどうしたらよいでしょう。

由紀さんは**「そうしたらどうなるか」技法**を用いました。これは、不安な気持ちになったときに、自分が一体何を恐れているのかを明確にするために用います。

由紀さんは夫からの電話を受けたときに大きな不安を感じていました。このとき、由紀さんは一体何を恐れて不安な気持ちになっていたのでしょうか。

この技法では、「もしそれが本当だとしたらどうなるか？ 起こりうる最悪の事態とはどのようなものか？ 私が最も恐れているものは何か？」という自問自答を繰り返します。

由紀さんの場合は、「早く家に帰って、ごはんを作らなくては」と考えて、同窓会に出るのをやめて大急ぎで帰ったのでした。ここで自問を始めます。「もし本当に帰宅してごはんを作らないとしたら、どうなるか？」由紀さんは考えてみました。「もし本当に帰宅してごはんを作らないとしたら……夫は機嫌を悪くするでしょうね」。そんな場面を想像しただけで嫌な気持ちになりました。さらに同じ自問を繰り返します。「もし夫の機嫌が悪くなったとして、どうなるか？」。由紀さんは、眉間にしわを寄せながら考えました。「……夫の機嫌が悪くなったら、私はいてもたってもいられないわ。夫に嫌われてしまうんじゃないかと心配になるわ」。さらに自問を続けます。「もし本当に夫に嫌われてしまったら、どうなるか？」。由紀さんは泣きそうになりました。「夫に嫌われてしまったら私は妻失格。私はどうしようもないダメな女性になってしまう。私は夫を喜ばせなければダメなのに」

由紀さんはこうして、自分の不安な気持ちの正体を知りました。由紀さんが本当に恐れていたのは、夫の機嫌そのものというよりは、自分が夫を喜ばせられないダメな妻になってしまうことだったのです。由紀さんはこれまでなぜ夫に振り回されてしまうのか自分でもよくわかりませんでしたが、この「そうしたらどうなるか」技法によって自分が恐れているものの正体がわかるようになりました。恐れているものが何かがはっきりしたことで、由紀さんの不安な気持ちは少しはおさまりました。

「私って主人の機嫌ひとつで自分がいい妻かどうかが左右されると思ってたんだ。これまでは『家庭に振り回されてる』って思ってたけど、自ら『振り回されよう』としていたのかも。それってすごく綱渡りな人生になるなぁ。主人だって人間だから私に関係なく機嫌のいいときも悪いときもあるのに。それに一喜一憂するなんて。主人の顔色ばかりを見ながら生きていくのはつらいわ」

みなさんも、誰かに振り回されてつらいと感じるときには、本当に自分を振り回しているのは何か、その正体をはっきりさせることが役立つかもしれません。もしかしたら、自分を振り回しているものは、自分の心の中にある恐れかもしれません。だとしたら、何を恐れているのかをはっきりさせることで、心はずいぶん自由になれます。

Q2 結婚して子どももいるから、夜、家を空けられず、不自由なんです。

由紀さん

A 思い込みを確かめるためには、実際試すのが一番!
——実験技法

結婚して、子どもが生まれると、独身の頃のように自由に夜の街で友達と遊ぶといった気ままな生活はなかなか難しくなります。特に子どもが小さいときには、これまでのようには自由にならないでしょう。

こうしたときに、「ああ、女は損だ」とか「どうしてこんなことになったんだろう。不自由でつらい」という考えが浮かぶ人は多くいるのではないでしょうか。

由紀さんもそのひとりです。しかし、由紀さんの場合は、ちょっとだけこの考えが極端なようです。

十数年ぶりの同窓会をキャンセルしてまで急いで帰宅する由紀さんに、みなさんは違和感を覚えませんでしたか？

服従の自虐的信念という思い込みからはなかなか解放されない

由紀さんは、これまでの自己分析で、自分は自分を犠牲にして家庭に尽くしすぎてしまうこと（服従の信念）、夫の機嫌を損ねると自分がダメな妻になってしまうという思い込みがあることに気づいています。

しかし、由紀さんには自分の恐れている「夜、家を空けるなどして夫の機嫌を悪くすると、私はダメな妻になってしまう」というのが、単なる自分の思い込みなどとは到底思えず、紛れもない真実のように思えて仕方ありません。

結婚して15年がたとうとしていますが、由紀さんはこれまでずっと夫の機嫌を気にして生きてきたのです。それを今さら、「それは服従の自虐的信念という思い込みであって、真実ではありません。安心して夜、家を空けましょう。同窓会にもどうぞ参加なさってください」と言われても、「はい、そうですか」とにわかには信じられないでしょう。

思い込みの修正には、実際試してみることが近道

そこで由紀さんは**実験技法**を用いることにしました。これは、自分の思考が単なる思い込みか、真実かを確かめるために用います。

行う方法はシンプルです。実際に行動を起こして確かめてみるのです。

由紀さんは勇気を出してある実験に踏み切りました。旧友と食事に行くために、夜、家を空けることにしたのです。由紀さんは気が気ではありませんでした。友人との食事を済ませて夜9時には帰宅しました。びくびくしながら玄関のドアを開けてリビングに入ると、夫と息子は楽しそうにテレビを見ていました。テーブルには宅配ピザの食べ残しとビールの空き缶が転がっていました。夫は由紀さんに振り向きもせずに「お帰り～」と言いながら機嫌よくビールを飲んでいました。

由紀さんは呆気にとられました。

「今まで私は必死で夕食を準備したり、家を空けないように気をつけていたのに。案外私がいなくても夫は不機嫌にならないものなんだ。夜遅くに帰ってくる妻は、妻失格だと思い込んでいたのは私だけなのかもしれない」

ほっとしたような、拍子抜けしたような、変な気持ちでした。

こうして、由紀さんの実験は終わりました。

私たちは、頭では「気にしすぎだ。大丈夫。夫はこれくらいでは機嫌を悪くしない」などとわかっているつもりでいます。しかし、心では、「きっと夫は怒ってしまう！」と気にしていたりします。頭と心がバラバラになっていることがよくあるのです。

こうしたときに実験技法は効果を発揮します。頭だけでなく、心でも納得するには、実際に行動して、体験することが必要なのです。

ちょっとイメージしてみてください。頭は私たちの年齢相応な知能を持っている大人の部分です。しかし、心は3歳くらいの小さな私たちなのです。理屈で説明するよりも、実際体験して、実感することが必要なのです。私たちは3歳の心にもわかるようなやり方で思い込みを修正する必要があります。ついつい頭だけでぐるぐる考え込んでしまう方には、特におすすめです。

身近な家族にだって
予想外は起こりうる。
やってみないとわからない。
あれ？

Q3

夫の機嫌が悪いと、自分のせいではないかとそわそわしてしまいます。

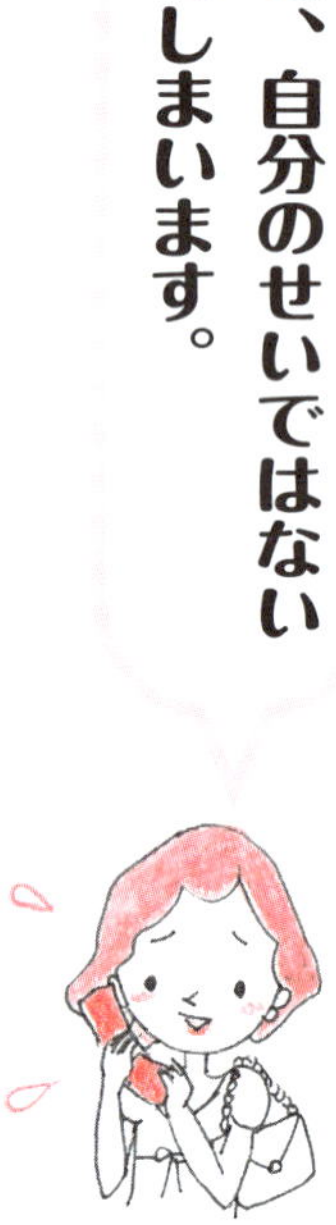

由紀さん

A

自分以外の原因についても考えてみよう。
——責任再分配技法

気分屋さんはどこにでもいるもの

気分にむらのある上司、ヒステリックな同僚などなど、こちらがいつも気をつかわなければならない人たちは、どこに行ってもいるものです。由紀さんは夫がそのようなタイプなので、家庭の中でなかなか安らぐことができていません。

しかし、中には、そんな気分の激しい人のそばにいて、まるで無関係かのように、淡々と振る舞うことのできる人を見たことはありませんか？　常に相手の気分に振り回されることなく、ポーカーフェイスで対応できたら、どんなに楽でしょう。

もちろん、相手が自分の気分をコントロールしてくれたら一番解決は早いのですが、本人が変わろうとしない限り、それはなかなか難しいことです。

自分の受け止め方を変えてみる

そこで由紀さんは、自分のできる範囲で解決を目指しました。今回は、**責任再分配技法**を用いることにしました。

これは、実際には自分に責任のない問題についても自分の責任だと思い込み、自分を非難してしまうときに役立ちます。

相手の気分に関係するあらゆるすべての要因についてピックアップし、現実的な視点で要因を分析します。ちょうど頭の中で、相手の機嫌が悪い原因について、円グラフを思い描くかんじです。相手の機嫌が悪くなった理由を、「体調が悪い（50％）」、「応援している野球チームが負けた（30％）」、「今日の仕事で嫌いな上司と顔を合わせることになっている（20％）」のように複数予想してみるのです。

由紀さんの夫はわりと気分に波のあるタイプです。不機嫌そうに見えることはよくあります。そのたびに由紀さんは「私が妻としてしっかり夫を支えていないからだわ」と考えていました。

ある日も、夫は会社から帰宅後、いまひとつ浮かない表情をしていました。いつもより口数が少なく、話しかけても反応が薄く会話は弾みませんでした。そして食事の後、さっさと自室にこもってしまったのです。

由紀さんはそわそわしながらも、責任再分配技法を用いました。

「あの人が不機嫌な要因は……私が朝、何か気に入らないことをしたかもしれないけれど……帰宅してすぐから、つまり私と会話もしないうちから不機嫌なのだから、会社で何かあったのかもしれないわ。帰り道に何かあったのかもしれないし。ただ疲れているだけかもしれないし。体調が悪いのかしら。何か自分の部屋でしなくちゃいけない仕事を持ち帰っているだけかもしれないし。あ、そういえば、今週から新しいプロジェクトが始まるって言っていたわ」

いくつも要因を挙げながら、由紀さんは驚きました。これまで自分は夫の不機嫌＝《イコール》自分の落ち度のように即座に考えていましたが、実際には夫の機嫌はいろんなことから影響を受けていることに気づくことができたのです。

「私は夫の機嫌の悪いのをすぐに自分が尽くしていないからだと決めつけていたけれど、実際にはそれは間違いかもしれない」

視野が広くなった感覚でした。こうして、由紀さんは、以前よりも少しだけ自由になることができました。

Case 4

イライラしている由香里《ゆかり》さん（40代女性）

私は、最近イライラしてばかりいます。買い物に行けば店員の接客が不満だし、職場では部下にイライライラします。母親は、私が飲み会で遅くなって翌朝ゆっくり寝ていたいのに、朝ごはんを食べなさいなどといって起こします。結婚はまだかと聞くくせに、私の連れてきた相手にはダメ出しばかり。いっそ結婚相手を探してきてくれればいいのに！

← 由香里さんの悩みに答えるQ&A

Q1

私の周りはイライラする人たちばかりです。

由香里さん

A

要求しすぎるから腹が立つ。依存している自分に気づこう。

――過度な要求の修正

――「人との対立の引き金となる思い込み」表

対人関係でイライラすることが続くことはありませんか？　店員さんの態度が悪かったとか、どうして夫はいつも気が利かないんだろうとか、もう少し職場でよい扱いを受けてもいいはずなのにとか……。誰しもたまにはこのようなことを経験するでしょう。しかし、しょっちゅうこの手の不満を味わっているとすれば、もしかしたらあなたが他人に対して要求をしすぎているのかもしれません。以下の3つに当てはまるものがないかを確認してみましょう。

過度な要求の信念

- **他者非難**：対人関係上の問題は、常に相手が悪い。
（例）どいつもこいつもとんだやつらだ。うまくいかないのは相手が悪いからだ。
- **全能感**：あなたは私を、常に私の希望どおりに扱うべきだ。
（例）私をこんなに不愉快にさせるなんて。もう少しよい扱いを受けてもいいはずなのに。
- **真実**：私は正しく、相手は間違っている。
（例）私はいつだっていい母親として妻として正しく生きてきたわ。夫はちっとも家庭を大切にしない、間違った人間なのよ。

これを読んだ由香里さんは、正直3つとも自分に当てはまると思いました。
「私は人に要求しすぎているから、腹が立つのね。……でも……」

由香里さんは、だからといって、自分が過度な要求をしていて、それを修正した方がいいということには納得できませんでした。なぜなら、やはり店員は接客を学んだ方がいいし、部下はまだまだ身につけることがあるし、母親はおせっかいでわからず屋なのであって、自分は悪くないと信じていたからです。由香里さんは人一倍努力家で、自分に厳しく、高い目標を掲げてがんばってきたタイプなのです。そんな真面目に生きてきた由香里さんは自分でも自分のことを正しいと信じていました。

人との対立の引き金となる思い込み

次に由香里さんが目にしたのは、次ページの表でした。これは人との対立の引き金となる思い込みに関するものです。

人との対立の引き金となる思い込み

服従	1. 他者を喜ばせる	たとえ自分がみじめになってもいつも相手を喜ばせるよう努めるべきだ。
↑	2. 対立への恐怖／怒りへの恐怖	お互いに愛し合う者たちは、争うべきでない。怒りは危険だ。
	3. 相手の自己愛を感じ取る	自分が批判や反論をすると、相手は耐えられずにくじけてしまうと思う。
	4. 自己非難	相手との間の問題は、すべて私のせいだ。
	5. 権利の要求	私は相手から期待どおりに扱ってもらうべきだ。私を幸せにするのが相手の務めだ。
	6. 正当性／公平さ	相手が私の期待に添えないならば、私は怒り狂い、相手を罰して当然だ。
↓	7. 真実は我にあり	私は正しく、相手は間違っている。相手はそれを認めた方がいい。
支配	8. 他者非難	相手との間の問題は、すべて相手のせいだ。
依存	9. 愛情依存	相手から愛されていなければ幸せでいられない。
↑	10. 拒絶されることへの恐怖	もし相手から拒絶されたら、私は価値がないということになるし、私はひとりでは幸せになれない。
	11. 承認依存	私は幸せで自分に価値があると感じるためには、相手から認められる必要がある。
	12. 心読みの期待しすぎ	もし相手が自分のことを本当に愛しているのなら、いちいち説明しなくても、相手は私が何を必要とし、どんな気分でいるかわかる。
	13. 業績依存	自尊感情は、私の達成、知性、あるいは収入によって決まる。
	14. 完全主義	私は決して失敗もミスもしてはいけない。もし失敗したら、私は価値のない人間ということになる。
↓	15. 相手の完全主義を感じ取る	相手は、私のような欠点のある人間をありのままに愛したり、受け入れたりはしてくれないだろう。
分離	16. 自己開示恐怖	私は人に素直な気持ちを話すことはできない。本当の自分を隠さなければならない。

文献1のp.95より一部改変。

由香里さんは表を見てはっとしました。自分の人間関係上の問題は、相手に過剰な要求をして支配しようとしていることだけでなく、相手に依存していることでもあるということに気づいたのです。

依存というカテゴリーに含まれる思い込みの中でも、「心読みの期待しすぎ」に関する説明は自分にぴったりきました。由香里さんは、これまで相手に厳しい高い基準を求めてイライラしていると思っていました。しかし、それと同時に「私をちゃんと認めて尊重していてくれるのならば、私がいちいち言葉で説明しなくたってなんでもわかって!」と相手に甘えて依存していたのです。

そう考えると、自分の中にあった特に母親に対する複雑な感情に説明がつきました。つまり、由香里さんは母親に対して、職場の飲み会で昨夜は遅かったので今日はもう少し寝ていたいと、言葉で言わなくても母親に察してわかってほしいと甘えて依存し、ついには結婚相手を連れてきてほしいとまで要求していたのです。母親に対して、察しが悪く過干渉で、自分の思うような基準を満たしていないと責めたてながらも、一方ではそんな母親に大きな期待や要求を捨て切れないのが矛盾したところでした。

自分の怒りの背景に気づくことが第一歩

由香里さんは、驚いていました。

「私は人にイライラしていると思っていたけど、実は人に期待しすぎていて、さらには依存していたのね。相手に対する期待をどこかで下げて割り切るようにしないと、自分にも相手にも損ばかりよね」

由香里さんの中で、何かが変わったようです。

由香里さんのように、自分のイライラの背景に気づくことは、イライラ解消の大きな第一歩になります。「過度な要求の信念」および「人との対立の引き金となる思い込み」の中に当てはまるものはありませんでしたか？ 自己分析の材料にしてみてください。

Q2 どうしたら相手を変えることができますか？

由香里さん

A 相手を変えることについてのメリットとデメリットを比べてみよう。

——メリット・デメリット分析

由香里さんはカウンセラーのもとを訪れました。由香里さんはまず、カウンセラーに最近の度重《たびかさ》なるイライラを思いきり話しました。きっとカウンセラーなら自分の身の上を気の毒に思い、味方になって、一緒に怒ってくれるだろうと思っていたからです。しかしカウンセラーはそんな期待とはちょっと違う反応でした。カウンセラーは由香里さんに気持ちよく感情を吐き出させてくれはしましたが、「それは店員も部下も母親も最低だ！　あなたは完全に正しい！」とは言ってくれなかったのです。由香里さんがこうした愚痴を女友達に吐き出すときには、みんな必ず味方になってくれ、店員や部下や母親のことを一緒になって悪者だと言ってくれるのに。かわりにカウンセラーは、由香里さんの話を遮ることなく聞いてくれました。

由香里さんの気持ちが落ち着いてきた頃、カウンセラーは由香里さんにある興味深い調査結果について伝えました。次に示す調査は、認知行動療法のセルフヘルプ本で、全米で300万部を超えるベストセラーとなった『いやな気分よ、さようなら』（原題：Feeling Good）という本（訳書は星和書店刊）の著者であり、アメリカの精神科医であるデビッド・バーンズ博士が行ったものです。長年多くの患者に対して認知行動療法を提供してきたバーンズ博士による、人間関係に関する認知行動療法を開発するための研究の一部です（詳細は『人間関係の悩み　さようなら』（星和書店刊）をご覧ください）。

幸せな結婚の決め手

その調査は、1200人以上を対象に行われたもので、幸せな結婚になるのか、不幸せな結婚になるのかを決めているのは何かを調べるものでした。その調査によると、結婚の幸福度を左右するのは、性別でも結婚歴でも子どもの数でも社会・経済的地位でもなく、夫婦の性格の組み合わせでもなく、ただひとつ、「相手を責めているかどうか」だったそうです。つまり、夫婦喧嘩で、「悪いのは相手なんだから、相手が変わってくれないと解決しない」と思っている人は、イライラして不幸せだったのです。反対に、問題の解決に対する責任を、相手ではなく、自分で進んで引き受け、自分を変えようとして、相手を幸せにしようと思っている人は幸せを感じていたことがわかったというのです。このことは、相手が、結婚相手でも家族でも、隣人でも、友人でも、あるいは全くの赤の他人であっても、同じことなのだそうです。

私は正しいのになぜ変わらなければならないの

由香里さんはカウンセラーに言いました。

由香里：私は確かに、イライラの原因や責任を相手に求め、相手を自分の思うように動かそうとしていました。だから、急に相手を責めずに自分を変えればいいと言われても……。自分自身を変えることで気分がよくなるなんて信じられません。だって私は悪くないし、間違っていないんですよ。

カウンセラー：（うなずいて）もしかしたら、由香里さんは人間関係上の問題が起こったときに「相手が悪い」もしくは、「自分が悪い」の二者択一的な判断をしてこられませんでしたか。どちらが悪いか、どちらに問題の責任があるかということを言っているのではないのです。問題を「解決する」責任について言っているのです。問題を解決する責任を自分が引き受けることこそが、気分をよくする秘訣なのです。

由香里：（半信半疑の様子で）自分か相手のどちらかに問題の責任があるとか、どちらかに問題の原因があるのかとか、どちらが悪いのかとかではなく……どちらがその問題を解決するのかが大事なんですね。でも問題を解決する責任ってどういうことですか？　あまりピンときません。（納得のいかない表情で）問題を解決するっていうと……私は母や店員や部下に正しいやり方を教えて指導して、正しい方向に導かなければならないという責任を負うんでしょうか。でもそれは相手を変えようとすることなんですよね？　先生がおっしゃるには、相手を変えようとしては幸せにはなれず、自分を変えないといけないんですよね？　なぜ正しい自分の方が変わらなければならないのでしょう。

カウンセラーは**他者非難のメリット・デメリット分析**を行うよう提案しました。これは、由香里さんにとって母親や店員、部下など関係のうまくいかない相手にその問題の責任を負わせ相手を変えようとすることのメリットとデメリットをそれぞれ書き出し、重みづけをして比較するという方法です。由香里さんは母親との関係について記入してみました。

うまくいく秘訣は、自分で問題解決の責任を引き受け、自分が変わることで相手を幸せにしようと思っていること。

他者非難のメリット・デメリット分析

「母親を責め、変えようとすること」

メリット：

・母親を見下すことができる。
・自分のコミュニケーションの仕方や生活態度などを変える必要がない。
・他のストレスを母親にぶつけて発散することができる。
・自分は正しくちゃんとしているんだと思うことができる。

デメリット：

・母親はちっとも変わらないので、余計ストレスがたまる。
・母娘関係が悪くなり、家庭が居心地悪くなる。
・反抗期の子どもじゃないんだから、いいかげん母ともめたくないのに嫌な気分になる。
・かなりエネルギーを消費する。その割に母親に変化がみられず疲れる。
・怒りはお肌にも体にも悪い。眉間にシワがよる。

かいてみて よくわかった。
かあさんに変化を求めるのは
あまり現実的じゃ
ないのね。
それどころか、
私損すること
ばかりよね……。

由香里さんは、書き出したメリットとデメリットを両方眺めて、全体的にどちらが重大なのかを比較してみました。由香里さんは、悪いのは母親で、母親が変わるべきで、それで心がすっきりしてなにもかも解決するのだと信じていましたが、それで自分はずいぶん損しているのだと気づくことができました。母親を責めて変えようとすることで、イライラという嫌な気分を味わい続け、美貌《びぼう》も健康も失い、家庭が安らげる場所ではなくなっている……これらは書き出したことで改めて気づかされたデメリットでした。

由香里さんはこうつぶやきました。

「こんなにデメリットが多いのなら、私が何かアクションを起こして問題を解決した方がいいってことね。あくまで、自分が悪いってわけじゃないけど。でも、私はもしかしたら母にいろいろ求めすぎているのかも。そして……甘えすぎているのかも」

それからというもの、由香里さんは、イライラしたときには立ち止まり、「また相手に求めすぎていないか？　甘えていないか？　距離をおこう。その方が、私も得をする」と考えるよう心がけました。

すると、これまであんなにイライラしていた店員に対しても、「ただの不慣れな接客態度の店員」と思えるようになり、腹も立ちませんでした。気のきかない部下に対しても、「まだ新人だし」と思うことで指導の仕方も優しくなりました。

母親に対しては、ちょっとばかり距離をとるのに苦労しました。そのため、由香里さんは自分がイライラしたときに、立ち止まって冷静になることを思い出すきっかけになるよう、ブレスレットを購入しました。母親に対してイライラして感情をぶつけそうなときでも、ブレスレットが目に入ると、由香里さんは一呼吸おいて、「私ったら、またイライラして。反抗期じゃあるまいし」と自分に言い聞かせることができるようになりました。こうした由香里さんの態度の変化で、親子喧嘩も減っていきました。

　こうして由香里さんは、相手ばかりを責めてイライラして出口の見えないストレスフルな毎日から抜け出すことができたのです。

イライラする自分に
「ちょっと待った」と言うのを忘れないために
おちつけ
おちつけ
また相手に
求めすぎてる。
いつも身につけて
いられる
ブレスレットを
買いました。

Case 5

謎の体調不良で悩む礼子《れいこ》さん

（30代女性・主婦）

1歳と3歳のやんちゃ盛りの男の子を育てています。最近、原因不明の吐き気と耳鳴りと頭痛がひどく、特に症状がひどくなる週末には寝込んでいます。夫は単身赴任をしていますが、週末には自宅に戻り、代わりに育児をしてくれています。家族4人で楽しい週末を送りたいのに。内科や耳鼻科を受診しましたが、なんの異常も見つかりません。

← 礼子さんの悩みに答えるQ&A

Q1

大好きな家族と楽しい週末を送りたいのに原因不明の体調不良。どうしたら治るのでしょうか？

礼子さん

A

自分の隠している感情が体調不良の原因かも。

――『隠された感情』技法

感情どおりには生きられない

笑顔の引きつった人に出会ったことはありませんか。もしくは平常心を装おうと必死な顔を見たことはありませんか。

こういうとき、私たちは「不自然さ」を感じます。それは、当然怒ったり泣いたりしてもよさそうな場面であるにもかかわらず、本人が努めて笑顔を作ったり、平静を装おうとしているからです。つまり、心の中の感情と、表に出そうとしている態度に大きな開きがあるのです。本当に感じている感情と違う態度を示そうとする人に出会ったとき、不自然さはひしひしと伝わってきます。それだけでなく、ある種の怖さや緊張感さえ感じてしまうものです。

もちろん、社会で大人として生きていくときには、いつもがいつも素直な感情を態度にそのまま表し続けることは不可能です。場面に応じて上手に隠したり、調整したりすることは必要でしょう。

たとえば、大嫌いな上司と仕事をしなければならない場面では、嫌いという感情を持ちながらも、なんとか抑えたり、上司の良い面に目を向けたりして、うまくやっていくでしょう。この場合は、わりと健康的な適応だといえます。なぜなら、この場合は自分の「嫌い」という感情を十分に自覚した上で調整しているからです。

不健康な感情の押し込め方

しかし、不健康なやり方もあります。それは、自分の感情を自覚する前に笑顔や冷静な態度で取り繕ってしまうことです。自分の本当の感情を自覚できなくなってしまっているため、いつのまにか自分の感情を無意識に我慢する癖が積み重なり、感情の爆発が起こったり、別の身体症状や行動の障害として現れ

たりするのです。

事例の礼子さんも、そんな女性です。自分の本当の感情に全く気づいていない人なのです。礼子さんは「いい母親でありたい」「いい妻でありたい」と強く望むしっかりした女性です。その真面目さゆえに、自分の感情よりも家族の幸せを優先してきたようです。本当の自分の感情を自覚してしまうと、いろいろ困ったことになってしまうと無意識にわかっていたのかもしれません。こうした背景には「自分の感情への不安」に関する自虐的信念が関わっています。

自分の感情への不安の自虐的信念を次に挙げてみました。みなさんも、以下の5つに当てはまるものがないかを確認してみましょう。

自分の感情への不安の自虐的信念

- **感情の完全主義**：私は常に幸せを感じて、自信にあふれ、自分をコントロールしなければならない。

（例）私は笑顔で満ち足りた毎日を送らないと気がすまない。いつだって充実していて輝いていないといけない。

・**怒りへの恐怖**：怒りは危険であり、どんな代償を払っても回避すべきである。

（例）私はついつい夫にイライラしてしまう。こんな気持ちを持っていてはいけない。イライラするかわりに自分がちょっと我慢すればいいんだから。

・**否定的感情への恐怖**：私は決して、悲しみ、不安、不適格、嫉妬、傷つきやすさなどを感じてはならない。私は感情を隠すべきで他人を動揺させてはならない。

（例）仲の良かった同僚が先に結婚してしまった。独身で恋人もいない私だけど、笑顔で祝福しなければならないんだ。嫉妬など感じてはいけないのに。

・**対立への恐怖**：いつでも誰とでもうまくつきあわなければならないと感じているため、人と対立することを避ける。

（例）貸していた本を返してほしいと言えない。
　長電話を切り上げることができない。

・**他人を喜ばせる**：自分に必要なものや自分の感情を犠牲にしてまで、すべての人を喜ばせなければならない。

（例）寝る時間や趣味の時間を削っても、私は家族のためにがんばらなくては。

これらの自分の感情への不安の自虐的信念を克服するためにはどうしたらよいでしょう。
礼子さんはカウンセラーのもとを訪れました。礼子さんは自分の症状について以下のような説明を受けました。礼子さんの抱える症状は不安に関係したものであること、それは他人を動揺させたり傷つけたりしたくないために、何らかの問題や感情を避けていることが原因であるとのことでした。
そう言われた礼子さんには、何も全くピンときませんでした。自分がいったい何の問題や感情を避けようとしているのかわからなかったのです。カウンセラーは続けて言いました。

カウンセラー：不安を抱えやすい人は、自分の避けている問題について否定したり無視したりして忘れてしまったかのように見えます。ただ不安の気持ちばかりに襲われて、不安を誘発したもともとの問題について見えなくなっているのです。

礼子：それでも、思いつきません。そもそもどうしてそんなに大変な問題なのに私はその問題が見えなくなったり自分の感情に気づかなくなったりしてしまうんでしょう。

カウンセラー：礼子さんが優しすぎることが原因のようです。本当の感情がわき起こると、礼子さんは無意識に、自動的に、その感情に不安を感じて心の中から排除しているのでしょう。

礼子：私はいったい何を感じているんでしょう。自分ではさっぱりわかりません。

「隠された感情」技法

礼子さんはカウンセラーのすすめで**「隠された感情」技法**を試すことにしました。これは、不安を抱えやすい人が無意識のうちにあたかもカーペットの下に隠してしまったかのような問題や本当の感情について発見し、それを解決するというものです。この技法は次の2ステップからなります。

❀「隠された感情」技法のステップ❀

①**問題の特定（探偵作業）**：自分の本当に悩んでいる問題は何かを探る作業です。とても難しい作業です。自分を本当に悩ませているのは誰なのか、何なのかを注意深く考えます。過去の生い立ちや環境といった問題よりは、今この場で自分を悩ませているような一見してわかるような問題が原因であることが多いようです。たとえば嫌でしょうがない仕事、友人や家族や恋人など親しい人から傷つけられたことや、その欲求を抱くことで生活が一変してしまったり誰かを傷つけかねないような欲求などです。

②**解決**：問題を特定した後は、自分の感情を表現し、問題を解決します。根本である問題を解決すると、不安やそれにまつわる症状は解消するでしょう。

礼子さんは、①問題の特定から取りかかることにしました。自分が悩んでいるのは一体なんなのか、自分の本当の感情は一体なんなのか。自問自答を繰り返しました。

礼子：こんなにかわいい子どもたちと優しい夫に恵まれているのに……何が不満だというんだろうか。早くよくならなければ……。

相変わらず礼子さんは自分を責めて、なかなか問題を特定することができません。カウンセラーは助け舟を出しました。

カウンセラー：隠れている問題を特定するのはとても難しいことですね。特定するためのヒントがあるみたいですよ。

ヒントは以下のようなものでした。

怒りへの恐怖…？

隠された感情を見つける

❀隠された感情を見つけるためのヒント❀

①隠された問題や感情は今現在の問題です。決して過去に体験したトラウマや、家族や友人との葛藤ではありません。心理学的な難しい解釈によって解き明かされるようなものというよりは、もっと現実的な問題です。

②隠された問題は、信じられないほど明白なものです。まさに「灯台下暗し」で、問題を特定した多くの人が「そうそう、それについて悩んでいた」と驚くほどです。不安にまつわる症状で、実際には結果として何が起こっているでしょうか。それに注目してみましょう。

礼子さんは、改めて考えてみました。自分が週末に寝たきりになった結果、どうなっているのでしょう。礼子さんが布団で寝ているあいだ、夫は礼子さんに代わって、まだまだ手のかかる子どもたちふたりを公園に連れ出して遊んでくれていました。結果的に礼子さんは子どもの世話から解放され、夫との時間を過ごさず、ひとりで静かな家にいるのです。

礼子：もしかしたら……私は育児から遠ざかりたいんだろうか？　もしくは夫と一緒にいたくないとか？　ひとりになりたいだけ？

礼子さんの中に衝撃が走りました。本当の感情に気づいたときには、「まさにそれだ！」とぴんとくるものです。さらに本当の感情に気づいてしまうと、すぐさま不安な気持ちでいっぱいになってしまいました。

礼子：こんな感情を持っていたなんて、私はやっぱり冷たい母親なんだ。ダメな妻なんだ。

カウンセラー：礼子さん、これまで隠していた感情を特定できたようですね。その感情を不安に思う必要はありませんよ。罪悪感をもつ必要もありません。人間として当然感じてよいものなのです。

礼子：そうでしょうか。私は家族４人で楽しい週末を過ごしたいとばかり思っていたのに、ひとりになった静かな部屋で寝ていると正直ほっとしている自分も……いたんです。

カウンセラー：毎日単身赴任のご主人に代わって大変な育児をひとりでされているのですから、たまにはひとりになってみたいというのはごく当然の感情ですよ。礼子さんは優しすぎて、家族を優先しようとしすぎるために、その感情を隠そうとしていたのですね。

礼子さんは安心した表情を浮かべました。問題の特定はできましたので、次はステップ②の解決に乗り出します。礼子さんは思い切って夫に自分の感情を打ち明けました。そして、週末の2時間だけ子どもたちを連れて外出してほしいこと、そのあいだ自分ひとりの時間を楽しむこと、そのあと家族4人で楽しく過ごすことをお願いしました。夫は礼子さんの謎の症状の原因がわかってほっとしたと言ってくれました。また、礼子さんが素直な感情を打ち明けてくれたことがうれしい、自然な感情をもっと出してもいいのだ、その方が自分もリラックスできるとまで言ってくれました。礼子さんは夫に気持ちを打ち明けてから、劇的に症状がなくなっていきました。週末のひとりの時間を、今は寝たきりになるのではなく、美容室に行ったり、読書に使ったりして過ごすことができています。こうして、一旦子どもから離れたいという素直な感情を否定せず受け入れて、きちんと表現したことで、リフレッシュできた礼子さんは、また子どもたちに優しく接することができるようになりました。礼子さん一家の週末はこうして、楽しいものに変わりました。

Case 6

スピーチが苦手な綾乃《あやの》さん（20代女性）

もともと人前で話すのが得意ではありません。小学生の頃から授業中に当てられると顔を真っ赤にして立ちすくむタイプでした。ある日、親友から結婚式の友人代表スピーチをお願いしたいと言われました。大切な親友のためならと引き受けてはみたものの、結婚式のスピーチのことを考えると憂鬱《ゆううつ》な気持ちになり、不安でたまりません。

← 綾乃さんの悩みに答えるQ&A

Q1

友人の結婚式でスピーチを頼まれてしまい、憂鬱《ゆううつ》でたまりません。

A

よく見せようとすると緊張するもの。あえて緊張していることを口にしてみて。

——自己開示技法

綾乃さん

みなさんは、人前で話をするときには、緊張するタイプですか？　5人くらいの前ならまだしも、結婚式のような100人前後の観客を前にすると、多少なりとも緊張するという方が多いかもしれません。それでは、なぜ人前で話すことに緊張してしまうのでしょうか。

人前で緊張する理由

一説によると、あまり意識してはいないけれど、「立派なスピーチをしなくてはいけない」とか

「堂々とした態度で挑まなければならない」などの思い込みが心の奥に潜んでいることが緊張の原因だといわれています。「立派なスピーチをしなくてはならない」と考えると、「もし立派なスピーチができなかったらどうしよう」と失敗することを恐れるようになります。これが不安な気持ちを招き、緊張につながるのです。

自己開示技法とは

綾乃さんは、**自己開示**という技法を試してみました。

これは、自分のそのときの気持ちを隠して良く見せようとせず、ありのままに相手に伝えてしまうという方法です。

不安という気持ちは、とても不思議なもので、隠しておこうとすると姿を現すだけでなく、何倍にも膨れ上がって威力を増してしまいます。反対に、率直に不安の気持ちを認めることで、小さくなって消失していき、リラックスすることができるのです。逆説的で信じられないかもしれませんが、驚くほど有効な方法です。

綾乃さんは、スピーチの原稿を用意していました。何度も推敲を重ねたとてもよいものでした。しかし、いざ人前に出ると緊張で手は震え、顔は赤面し、声は小さくなり、目には涙が溜まってしまうほどでした。そのため、自己開示技法を用いて、スピーチをするために招待客の前に立った瞬間に浮かんだ気持ちと、なぜそれでもスピーチを引き受けるに至ったかという話を率直に自己開示してみることにしました。

数週間後の親友の結婚式がやってきました。綾乃さんは予想どおり、緊張して自分のスピーチの順番が回ってくるまで食事が喉を通りませんでした。いざ、スピーチの出番になり、マイクを受け取って大きく深呼吸しました。心の中で一生懸命こう言い聞かせました。

「綾乃、立派なスピーチなんてしなくていいんだ」

そして、そのときの自分の気持ちをまず話し始めたのです。

綾乃：みなさん、私は、今とても緊張しています。人前で話すのは本当に苦手で、何日も前から緊張していました。今でも足が震えています。こんなに緊張しながらもここに立っているのは、大親友の紀子さんのためです。紀子さんは小学生のときから、今のように緊張して立ちすくんでしまう私をたくさん助けてくれました。あれは国語の授業のときでした。紀子さんは緊張している私の手をずっと握って応援してくれていたのです。……（略）

綾乃さんはなんとか自分なりのスピーチを終えることができました。新婦の紀子さんはとても感動して喜んでいました。自分でも満足感がありました。

綾乃さんは結局用意していた原稿を読むことはありませんでした。綾乃さんの包み隠さない正直な気持ちは、格式ばった文章の棒読みよりも、新婦の紀子さんや他の聴衆の心に響いたことでしょう。

もし綾乃さんが、自分の緊張している不安な気持ちを隠したままスピーチしていたら、言っている内容と態度にギャップが生じ、聴いている側にはなんともいえない違和感が生じてしまっていたことでしょう。綾乃さんの等身大のスピーチは、招待客だけでなく、綾乃さん自身にも良い影響を与えていました。最初に緊張していることを打ち明けてしまったことで、綾乃さんは「うまいスピーチをしよう」とか「緊張を隠さなければ」といったプレッシャーを自分自身に与えることなく、リラックスすることができたのです。

この自己開示技法は、スピーチ場面だけでなく、対人関係場面においても広く使うことができます。初対面の人と接するときにありのままの自分を見せて早く打ち解けることができますし、夫婦やカップルで喧嘩になりそうなときにも素直な自分の気持ちを率直に伝えることが仲直りの近道になるでしょう。不安な気持ち、自分の欠点、恥ずかしい癖など、私たちはそれらを隠すことで自分を良く見せたくなるものです。特に相手が初対面だったり、つきあいたいと思う異性だったり、仲良くしたい友達だったり、気に入られたい目上の人だったりすると、なおさらです。そういうときこそ、逆説的に自

自己開示
実は私、
三姉妹の末っ子でして
甘えん坊なんて
よく言われます。はい。
けっこう部屋は汚くて
だらしない生活してまーす。
貯金は全然してませーん。
そこまで
言わなくても…

己開示技法が役立つのです。ぜひお試しください。

Case 7

厳しい上司に悩む恵美《えみ》さん（30代女性・会社員）

私は、とてもおっちょこちょいでミスが多く、上司からしょっちゅう叱られています。私みたいな仕事の出来ない人間は、どこにいっても役立たずなんです。上司は仕事の出来る非常に細かい人で、私をしょっちゅう叱っています。その上司のもとで働くようになってからは、仕事が終わってもずっと「明日また上司に企画書のことで叱られてしまうかもしれない」と考え続け、夜も眠れなくなってきました。

← 恵美さんの悩みに答えるQ&A

Q1

企画書の書き方のことで上司に叱られました。私みたいな役立たずはどうしたらいいんですか？

恵美さん

A

仕事のミスだけで自分全体の価値を判断していない？
——思考の歪《ゆが》みチェックリスト

業績で悩む背景には思考の歪みが潜んでいる場合も

恵美さんのように、自分の仕事の業績で悩む人は多くいます。他にも、学生ならば学校の成績で悩み、主婦なら自分の子育てや家事の成果があがっているかどうかで悩み……私たちはさまざまな状況で自分の出した結果について悩むことがあります。こうした自分の成し遂げた成果をまとめて「業績」と呼びます。そして、この業績があがらなかったらどうしようと不安に思う気持ちを「業績不安」と呼びます。

業績不安は、失敗することへの恐怖から生まれます。「もし失敗したらどうしよう」という考えや、「もし思うような結果が出なければ、私は社会人失格（もしくは主婦失格、母親失格、いい娘としての自分失格……などなど）になってしまう」という考えが背景にあると考えられています。

これらの考えには、「歪《ゆが》み」が潜んでいます。それは「一般化のしすぎ」というものです。一部の結果（仕事の結果、家事の結果などなど）だけを取り上げて、それを自分全体にまで広げてしまっているのが、そうです。思考の歪みには、他にもいくつかあります。次の表でチェックしてみましょう。

思考の歪みをチェックする

❀思考の歪みチェックリスト❀

①**全か無か思考**：物事を白か黒かという絶対的な二分法で見ています。

②**一般化のしすぎ**：たった一つの否定的な出来事を、全体の失敗として捉えます。

③**心のフィルター**：マイナスのことばかりくよくよと考えて、プラスのことを無視します。

④**マイナス化思考**：自分のプラスの資質が、たいしたことはないと頑《かたく》なに主張します。

⑤**結論への飛躍**：事実に裏づけられていない結論に飛躍します。

(1) **心の読みすぎ**：他人が自分に対して否定的に反応していると思い込みます。

(2) **先読みの誤り**：何か悪いことが起こると予言します。

⑥**過大解釈／過小評価**：度を越えて物事を誇張したり、重要性を過小に評価したりします。

⑦**感情的決めつけ**：「自分が失敗者のように感じるから、きっと本当に失敗者だ」などのように、自分の感じ方から推論します。

⑧**すべき思考**：「すべき」「すべきではない」「しなければならない」という言葉を使います。

⑨**レッテル貼り**：「間違ってしまった」と捉えるところを、「私はできないやつだ」とか「まぬけ

だ」などとレッテルを貼ってしまいます。

⑩**非難**：問題を解決する代わりに、欠点を見つけます。

（1）**個人化**：自分ひとりがすべての責任を負っているわけではないのに自分を容赦なく非難します。

（2）**責任の押しつけ**：問題に関わった自分の責任を否定して、相手を非難します。

恵美さんの場合

事例の恵美さんは、「一般化のしすぎ」に当てはまりました。仕事の中の企画書の一部の失敗から、自分全体を人間失格だと決めつけていました。

本来ならば、企画書を作るという仕事は、さまざまな仕事の中の一部にすぎないのです。また、企画書についても、全部が間違っているのではなく、一部の誤りを指摘されただけなのでした。にもかかわらず、一部の失敗を自分全体にまで広げて、自分を責めていたのです。

恵美：たしかに、そう言われてみれば、私は仕事でミスをしたりしていい企画書が書けないと、自分の価値が全くなくなってしまったような気持ちになっていたわ。役立たずの、社会のお荷物だと思うようになってた。でも、私という人間は、仕事という側面のみでできているわけではないはず。勤務時間後には、友達に見せる顔があるし、家族に見せる顔があるわけだし。もちろん指摘された点は改善しなくてはいけないけど、必要以上に自分の人間性全体を責めるのはよくないわね。

人は、落ち込んだとき、イライラしたとき、不安なときには、これらの思考の歪みが顕著になるそうです。また、誰しもたいてい一つか二つの思考の歪みを癖として持っているそうです。自分の思考の癖に日頃から気づいておくことで、必要以上の落ち込みやイライラや不安を予防することができますよ。

Q2 上司に注意されるのが怖くてたまりません。

恵美さん

A 弱点や欠陥を具体的に考えることで一般化のしすぎを防ぐ。——具体的に考える方法

頭でわかっていても、心がついていかない

仕事のミスを注意されると、それを自分全体を注意されたかのように広げて考えてしまうという、一般化のしすぎという思考の歪みを持つことに気づいた恵美さん。しかし、恵美さんは、どうしても上司に注意されると体がすくんでしまうのです。頭では、「私全体が否定されているのではない。一般化のしすぎをしてはいけない」とわかっているのですが、心がついていかないようです。

具体的に考える方法

恵美さんは、**具体的に考える方法**を用いることにしました。

この方法は、仕事のミスや修正すべき点を具体的に考え、それらを自分全体に広げて自分を非難するのを防ぐ方法です。

やり方は簡単です。紙とペンを用意します。面倒な方は鏡の前に立ったり、頭の中で想像するだけでもけっこうです。それから、自分で一人二役を演じます（役になりきって紙にセリフを書いていくか、鏡の前や頭の中で演じます）。一人は、事例の恵美さんの上司のように、あなたの欠点やミスを容赦なく攻撃する悪魔役です。もう一人は、その悪魔に対してあくまで冷静に具体的に考えながら対話する人の役です。

まず、悪魔役からスタートします。悪魔は、自分に向けたひどいマイナス思考を代弁します。恵美さんの場合は、「おまえはなんてひどい企画書を書くんだ！　こんなようでは社会人として失格だ！　どこにいっても役立たずなんだ！」という具合です。この役を演じるのは、日頃から自分をとことんマイナス思考でいじめている方にとってはとても簡単です。

次に、悪魔と対話する役を演じます。この役はちょっとコツが必要です。

❀具体的に考える方法のコツ❀

①悪魔に対抗したり、攻撃したり、防衛的になってはいけません。
（悪い例：あなたにそんなこと言われる筋合いはありません。一生懸命がんばったのです）
②悪魔の言っている内容に事実であることがあれば、それを認めます。
③事実だけを認めたら、しかしそれが自分全体の価値には影響しないことを堂々と言います。
④プライドを持って、冷静に。

恵美さんは鏡ごしに演じてみました。悪魔役と恵美さん役の二役を一人で演じました。

悪魔：企画書を見たよ。ほんとうにひどい企画書だった。君はもう30半ばにもなるのに、まだこの程度の仕事しか出来ないのか。
恵美：はい。おっしゃるとおりです。私の企画書は十分なものとは言えないですし、年のわりにはまだまだ仕事は出来ない方です。
悪魔：そうだよ。会社のお荷物なんだからいっそ辞めてしまったらどうかね？
恵美：もしかしたら会社の方に迷惑をかけているかもしれません。辞めてしまおうと考えることもしょっちゅうあります。生活のために辞めるわけにもいかず……もう少し仕事が出来るように、どのように修正したらいいか教えてもらえますか？

悪魔：まずはケアレスミスだな。君は企画書を書き終えたときに、ちゃんと見直しているかね？

恵美：それが……企画書を書くのにとても時間がかかるため、いつも家に持ち帰って深夜までやってるんです。それで眠くて、見直す時間がとれないんです。見直しが大事なのですよね。翌朝でも提出前にちゃんと見直すようにします。

悪魔：それでいい。……にしても、この企画書はこう、インパクトが足りないよ。ありきたりで。

恵美：ご指摘ありがとうございます。私としても良い企画書にしたいので、どういう点においてインパクトが足りないのかもう少し詳しく具体的に教えてください。

ここまでのロールプレイ（役割演技）で、恵美さんはいつもと違う表情をしていました。いつもは上司の前でおどおどして、うつむき、猫背になり、泣きそうな顔をしていました。しかし今は、背筋が伸びて、堂々と悪魔の顔を見つめて、冷静でした。そして、自分の企画書の足りないところを一生

懸命上司に尋ね、修正しようとする熱心な社員だったのです。そこには、ミスを指摘されて自分を非難してばかりの恵美さんはもういませんでした。

「こんなふうに考えれば、仕事のミスに対しても前向きに取り組めそう。ちょっと自信がついたかも」

恵美さんはコツをつかむことができたようです。

頭でわかっていてもなかなか切り替えが難しい場合には、このようなロールプレイや紙上で行うひとりロールプレイ（セリフを書き出していく）は非常に効果的です。恵美さんのように、鏡の前に立って話しかけるようにひとりで二役を演じてみてもよいでしょう。

ここでは、仕事のミスや成績のあがらないこと、育児や家事のつまずきから自分を責めてしまう過度に一般化する傾向を、具体的な弱点や欠陥へと視点を移し、具体的に考えることで克服するという方法を紹介しました。ぜひお試しください。

Case 8

遠距離恋愛で不安な千秋《ちあき》さん
（20代女性・学生）

私には、最近遠方に就職して遠距離恋愛になった彼氏がいます。「彼が近くで誰かいい人を見つけてしまったらどうしよう」とか「このあいだ会いに行ったときに、私、もう少しおしとやかにすべきだったかも。彼に嫌われてしまったかもしれない」とか、「彼は昨日の電話を早く切り上げたそうだった。もう私のこと飽きたのかな」など心配してばかりです。

← 千秋さんの悩みに答えるQ&A

Q1

私には遠距離恋愛中の彼氏がいます。なかなか会えないし、ちゃんと続くか心配でたまりません。どうしたらいいのでしょうか？

千秋さん

A

あえて徹底的に心配する時間を作り、心配事を書き出し、声に出して読み、録音する。

――心配する時間を作る技法

次々にあふれ出す不安

千秋さんのように、恋愛にまつわる不安で悩む人は多くいます。他にも次々に不安が出てくる例はたくさんあります。たとえば、息子のことが心配でたまらない母親、採用面接の結果を待っているときの不安などです。不安は、私たちの気力を奪います。その結果、目の前のすべきことが手につかなくなる場合が多いのです。千秋さんの場合は、学業や友人とのつきあい、サークル活動がお留守になってしまいました。人によっては、仕事が手につかなくなったり、ミスが増えたり、事故を起こす人もいます。

こうした場合、多くの人は心配しないように努力します。外出して気分転換して気をそらしたり、仕事に没頭して考えないようにしたり、テレビや映画を見たり……。しかし、それでも気が紛れることはなく、かえって心配が増してしまったという経験はありませんか？

心配する時間を作る技法

心配する時間を作る技法では、今までの努力とは全く正反対のことをします。あえて、最大限に心配する時間を作ってしまうという方法です。手順は次のとおりです。

❀心配する時間を作る技法の手順❀

①あえて積極的に心配する時間を作ります。仕事や家事の時間ではないときに、5分でもけっこうです。心配しすぎて仕事や家事があまりにも手につかない場合には、30分ごとに1分間の心配する時間を作るという具合でもけっこうです。
②その時間に、心配していることを紙に書き出します。「こんなマイナス思考ではいけない」などと思わずに、完全に降参して書き出します。
③静かに座り、その心配事に思いきり浸ります。
④心配事を書き終えたら、それを大きな声で読み上げ、可能なら録音します。
⑤吐き出すだけ吐き出したら、家事や仕事に取りかかります。
⑥家事や仕事の最中にまた心配が膨れ上がり、邪魔しにきたら、録音しておいたものを聞きます。

千秋さんは半信半疑でしたが、試してみました。学校へ行く前にありとあらゆる彼氏に対する心配を書き出し、大きな声で読み上げました。

千秋：もしかしたら彼が今日運命の人と出会ってしまって、遠くにいる私のことなんて忘れてしまって、その人とつきあうかもしれない。そしたら私は捨てられるんだ。もしかしたら彼は職場に嫌なことがあって落ち込んでいるかもしれない。そばにいたら私はすぐに励ましてあげられるのに、それができないから彼は私から心が離れていくんだ。もしかしたら私がこのあいだ、あまりに彼と長電話してしまったから、もううんざりされてしまったかもしれない。昨日の彼のメールはいつもより少し短かったけれど、それは別れの兆しなのかもしれない。……（略）

千秋さんの心配事はたくさんありました。書き出してみると、用意しておいたA４の紙は1枚では足りないほどでした。その量にちょっとびっくりしました。しかし、声に出して読み始めると、千秋さんは不思議な感覚に襲われました。苦しい気持ちでいっぱいになるだろうと思っていたのに、ものすごくこっけいな気持ちになったのです。

「なんか、私、心配しすぎているのかも。ありえないことまで心配しているような……？」

千秋さんは、録音し終わると学校に行きました。授業が始まると、また心配する気持ちがむくっと芽生えました。千秋さんは「休憩時間にまたメモに書き出そう」と思うことで、

授業に集中することができました。

休憩時間、千秋さんは手早く心配事を書き留めました。実際にメモに書き出すと、頭の中でだけでぐるぐると心配するよりも、少しだけ落ち着くことがわかりました。この方法で、千秋さんはずいぶん授業や友達とのランチ、サークル活動に集中できるようになったのです。

その日の終わりに、自宅でもう一度録音したものやメモを見返しました。心配しすぎなおかしな自分をこっけいだと思えました。録音するのが気恥ずかしくなりました。あんなに苦しめられていた心配事を徹底的に受け入れ、降参したことで、逆説的に心配事を克服できたのでした。

心配する時間を作る技法は、仕事や家事など目の前のしなければならないことが、心配事によって妨げられるような場合に試す価値のある技法です。心配する思考と闘う代わりに、そうした思考に屈服し降参する短い時間を計画的に持つだけでよいのです。この方法が向かない心配事もたくさんあります。その際は、ぜひ本書の他の方法もお試しください。

Case 9

ダサいと思われたくない美咲《みさき》さん（50代女性・主婦）

私は、昔から流行の最先端を取り入れ、スタイリッシュな生活を続けてきました。しかし、子育ても一段落したこの頃、急に太りだし、抜け毛や白髪が増えたことでヘアスタイルも決まらなくなってきました。こんな自分を誰にも知られたくないと、旧友に会うのを避け、街に出かけることもなくなりました。自分に自信がなく、落ち込んでいます。

← 美咲さんの悩みに答える Q&A

Q1

ダサい恰好はしたくないというのが私のモットーです。でも最近、ボディラインは崩れてきたし、白髪が目立つし、抜け毛もひどいので人に会いたくありません。

美咲さん

A

心配事をあえて大げさに誇張してみる。
——逆説的過大視技法

誰にでもある変化の時期をどう乗りきるか

事例の美咲さんのように、人生のある時期から自分の気力や体力や容貌《ようぼう》の変化や、家族構成などの社会的な変化などに伴い、自分のモットーとする生き方ができなくなるということはよくあります。

美咲さんは、自分の容姿や体型の変化をとても気にするようになり、これまでのおしゃれな自分らしい生活ができなくなったと落ち込んでいます。加齢に伴う変化といえばそれまでなのですが、その変化を受け止めることが難しいようなのです。

そこで、美咲さんは、カウンセラーに相談してみました。カウンセラーは、美咲さんに、自分の落ち込みの背景にある思考について、もう少し詳しく質問してみました。

カウンセラー：もし美咲さんが街で旧友に会ったとして、それのどんなところが心配ですか？

美咲：きっと友達は、「うわー。美咲、太った。すごくダサくなった」って思うと思うんです。

カウンセラー：そうですか。もっと他のことも思われそうですか？

美咲：はい。髪が薄くて老けたなぁとか、こんなふうになりたくないとか。

カウンセラー：まだまだありそうですか？

美咲：ウエストが太くなってダサいとか。足が太くて服が似合わないとか。しみがあるとか。

カウンセラー：たくさん心配されているんですね。今からこれらの心配を打ち消すことができるかもしれない方法をお教えします。

そう言うとカウンセラーは**逆説的過大視技法**を説明しました。

逆説的過大視技法とは

❀ **逆説的過大視技法の手順** ❀

心配事を打ち消そうとか、対抗しようなどとはせずに、不安の内容をもっと大げさに誇張して考えます。その際、できるだけ極端に考えてみます。

美咲さんは、早速やってみました。

美咲：私を見た友人は、あまりに太って髪の毛が薄くなって老け込んだ私にがっかりして、もう友達をやめると言いだす。こんなひどい見た目でダサい人と一緒にいたくないとその場から去っていく。それを聞きつけた同じ高校の同級生たちがみんなで私がダサくなったとうわさして、みんな私のことを馬鹿にして嫌いになる……。

美咲さんはできる限り最悪のことを考えて、大げさに大げさに言いました。すると、どんどんおか

しくなってきました。しまいにはケラケラと笑い出して
「ちょっと……さすがにこんなことにはなりませんよ。私の友達はそこまで薄情じゃないし、いくらなんでも私はそこまで変な姿にはなりませんし」
とカウンセラーに言ったのです。この馬鹿馬鹿しい大げさな誇張のおかげで、逆説的に美咲さんは客観的な視点を取り戻し、安心することができたのです。

一人で逆説的過大視技法を用いる方法

この逆説的過大視技法は、一人で用いることもできます。自分の想像の中で、心配している場面をできる限り誇張してみてください。たとえば、明日の会議が憂鬱《ゆううつ》な人は、「明日の会議で、出席者全員がものすごい勢いで怒りながらあなたを責めまくり、今すぐ会社を辞めろと言いだして、飲んでいたお茶を投げつける……」

実際 最も悪い結果を想像してみた
こんなダサイ人友達じゃないわ
いやだー
ダサイわね
ダメね
いやいや、こーんなにひどいことは言われないと思いますが……。

といった具合です。ありえないほど誇張して、笑えるほどにするのがポイントです。

頭では「大丈夫」だとわかるのに、どうしても心は不安で心配……という例に用いやすい技法です。

他に使えそうな場面の例を挙げておきます。

- 前髪を切りすぎておかしくなった。他人はそこまで自分の前髪に関心はないと思いながらも、なんか気になってしまうとき。
- 友達に余計な一言を言ってしまい、ちょっと気分を害したかもしれないと心配なとき。
- 完璧には仕上がらなかった手料理を、家族が喜んでくれるか心配なとき。

Q2

人からダサいと思われたくない、プライドの高い性格をなんとかしたいです。

美咲さん

A

公共の場所で人に迷惑にならない恥ずかしいことをして価値観を打破してみて。

——恥への挑戦

性格は変えられないのか？

自分の性格にうんざりしてしまうことは、誰しも経験があるでしょう。しかし、性格というのは、なかなか変えられないといいます。なぜなら、一朝一夕に身についたものではないからです。

しかし、ものすごいインパクトのある経験をしたとしたらどうでしょう。みなさんも、「あんな強烈な出来事を経験してから、人生観が変わった」という言葉を耳にしたことはあるでしょう。こうしたものすごい経験を、意図的にやってしまおうという技法があります。

悩みの相談に訪れた美咲さんに、カウンセラーは、**恥への挑戦**という難しいけれど強烈な方法を試すつもりはないかと尋ねました。これは勇気がいる方法ですが、効果は絶大です。

恥への挑戦

恥への挑戦の手順

混雑した街中など人の多い場所で、思いつくユーモアにあふれた馬鹿げたことをします。誰かと対立したり、誰かを傷つけたりするような行動でなければ、ちょっとだけ常識を逸脱してもかまいません。行う勇気のない人は自分の住んでいる町からは遠く離れたところで行ってみましょう。


美咲さんは、この方法に全く乗り気ではありませんでした。しかし、これ以上引きこもって自信喪失した生活を続けたくなかったので、渋々従うことにしました。

ある日、美咲さんは行動を起こしました。美咲さんが最も嫌だと思っている、この上なくダサい恰好をして出かけることにしたのです。自分の持っている服の中でも、時代遅れで、いわゆる「ダサい」ものを身につけました。その服は、試着もせずに買ったもので、もともと気に入っていなかったものでしたが、さらに最近太ってしまったので、より似合わなくなっていました。それから、メイクもせずに、髪も無造作にひとまとめにしただけの恰好で、美咲さんは公民館で行われるボランティア活動に行くことにしたのです。日ごろ、こんな手抜きした恰好は、ゴミ捨ての時ですらしない美咲さんです。鏡の中に映る自分を見て、絶句しましたが、「いいや、日ごろ公民館の行事なんて何も行かないし。行っても私より上の世代の人ばかりよ。気にしない」。そう自分に言い聞かせました。

美咲さんは公民館に着きました。その日は、その町で集まった切手の仕分けをするボランティア活動が行われていました。美咲さんの予想どおり、集まったのは60~70代の女性がほとんどでした。美咲さんはその女性たちに混ざって作業をしました。美咲さんにとって、みんな初対面でしたが、誰もが新しいボランティア参加者がやってきたことを非常に歓迎してくれました。間違っても美咲さんのファッションやメイクを非難したり馬鹿にしたりする人などいませんでした。美咲さんは人に感謝され、久しぶりに人と一緒に笑い合って話をすることができました。

「私は今まで何をこだわっていたんだろう。私がこんな恰好していたって、人づきあいってうまくいくもんなんだ。もしかしたら、ダサくないことが幸せにつながるのではなくて、多少ダサくても、老けても、人とこうして笑い合えることの方が幸せなんじゃないか?」

同年代の友達も果たして受け入れてくれるのだろうか？

それでも美咲さんにはひとつの疑問が残っていました。もしかしたら、今回うまくいったのは、周りが自分より上の世代の女性ばかりだったからかもしれないからです。そのため、美咲さんは、ちょっとした実験を試みました。親友をお茶に誘ってみたのです。もちろんこのダサい恰好のままで！　カフェに現れた親友は、美咲さんが久々に連絡をくれて、会いたがってくれたことを喜んでくれました。美咲さんがちょっと太ったことや、白髪の増えたこと、ダサい服装をしていることには目もくれない様子でした。美咲さんは自分から聞いてみました。

美咲：あのさ……、私って今日ダサくない？

親友：（目を丸くして）そう？　美咲はいつでもきれいだよ。ラフな恰好も似合うんだなぁーって思ってたところ。私なんかさ、もう中年太りする一方よ。ほら、この二の腕。

親友は自分の腕をポンポンと叩きながら言いました。その後ふたりは、最近白髪が増えたこと、なかなか痩せにくくなったことなどを笑いながら話し合いました。これらは美咲さんがひとりで悩んでいたことでしたが、似たような体験を親友もしていたこと、それをふたりなら笑い飛ばせることを発見しました。

「私って、自分の恰好ばかり気にして。そういえば、年は平等にとっていくもの。みんなで笑い飛ばせばよかったんだ。私が友達の白髪や体型に気づかなかったように、周りから見たら私のボディラインや白髪なんてたいしたことないんだ。みんな自分のことで精一杯なのかもしれない！」

美咲さんにとってはこの上なくダサい恰好で外出するといった強烈で大胆な方法ではありましたが、意識は大きく変わりました。その後、カウンセラーに美咲さんから連絡がありました。久々に高校の同窓会に参加することにしたそうです。きっと今の美咲さんなら以前よりも魅力的で、仲間たちに愛されることでしょう。

Case 10

婚活疲れの遥《はるか》さん

（39歳女性・会社員）

私は、これまで学業面でも仕事の面でも順調で、いわゆる「出来る女性」で通ってきました。しかしこの5年間ほど恋人がいません。婚活をがんばっていますが、ぽっちゃり体型で、美人ではないからでしょうか、なぜかうまくいきません。みんな私のことを負け組だと思っているでしょう。これまで学業や仕事は努力すればなんでも出来るようになったのに、結婚に関しては本当に難しい！　プライドが傷つきます。

← 遥さんの悩みに答えるQ&A

Q1

婚活が初めての挫折です。負け組だなんて思われたくない！

遥さん

A

出来ない自分をひらきなおって受け入れて。
――受け入れの逆説技法

婚活疲れ

「婚活」という言葉があります。結婚相手を積極的に探すために出会いを求めてお見合いパーティのようなところへ出向いたり、紹介してもらったりする活動のことです。結婚を望む人が社会的な応援に後押しされながら活動できるという点で、とてもポジティブな動きだといわれています。

その一方で、婚活をがんばっていても、なかなか結果を出せずに疲れてしまうという例も報告され始めました。遥さんのように、結婚を望みながらも、なかなか努力が実を結ばず、自己嫌悪に陥っているときには、どうしたらいいでしょうか。

遥さんに限らず、私たちには一つや二つのコンプレックスがあるものです。遥さんのコンプレックスは婚活がうまくいっていないことでした。そのため、自分のことを結婚できない負け組だと捉えていました。他のコンプレックスの例としては、「私はいつものろまで要領が悪い。出来ないやつだ」といって自分を責めている人もいますし、「いつだって出来のいい社交的な姉と比べられて育てられてきた。私は人とうまくやれない暗い性格だ」という人もいるでしょう。そうした、コンプレックスによる自己嫌悪を詳しく見てみましょう。

認知行動療法を学んだ多くの人は、この自己嫌悪という自分をいじめるマイナス思考に対して、対抗してやっつけようとか、修正しようと対決することでしょう。たとえば、次のような感じです。あなたの心の中に、仮に自己嫌悪へつながるマイナス思考のあなたと、なんとかそれに対抗しようとするプラス思考のあなたがいるとします。このふたりは、次のように争い始めます。

自己嫌悪のあなた：私はどうせ誰からも愛されないのよ。こんなんじゃ、結婚もできずに、孤独に死んでいくのよ。負け組よ。自分がまさかこんなに結婚に苦労するとは思わなかった。最低。

前向きなあなた：そんなこと決めつけるもんじゃないよ。あなたには5年前には恋人がいたじゃないか。これから先、恋人ができやしないと決めつけるのは時期尚早だよ。あなたはそう捨てたもんじゃない。あなたは負け組なんかじゃないわ！　結婚できないにしても、人生を楽しそうに生きている有名人はたくさんいるじゃない。

こうしたやりとりで気持ちがラクになる場合もあるでしょう。しかし、遥さんは、自分を無理やり元気に励ますことに疲れていました。これまでだって、お見合いでうまくいかないたびに、気持ちを奮い立たせてきたのです。それでも、あまりにうまくいかない日々が続いて、気持ちが折れてしまったのです。そしてこんなふうに思うのです。

「頭ではわかるのよ。嘆いてもしょうがないし、この先どうなるかなんてわからないし。結婚だけが幸せになる方法ではないことも。でも結局私は不幸よ。やっぱりいわゆる負け組なのよ」

プラス思考に疲れたら、受け入れの逆説技法を

そんな婚活疲れで自己嫌悪の遥さんは、カウンセラーのもとを訪れました。カウンセラーは遥さんに、これまでとは全く逆の方法を試すよう言いました。それは**受け入れの逆説技法**という方法でした。手順は次の通りです。

❀受け入れの逆説技法の手順❀

①自分のマイナス思考と対決して身を守るのではなく、マイナス思考の中にも真実を見出します。そしてその真実を、ユーモアや内面のやすらぎ、悟りなどとともに受け入れるのです。
②心の中で一人二役を演じます。一人は、さきほどと同じようにマイナス思考で自分をいじめる自己批判の役です。これをまるで他人から批判されているかのようなセリフで演じます。ちょうど遥さんが気にしている冷たい周りの目の役割です。「おまえは負け組だ！　かわいそうなやつだ！」と自分を責めたてるのです。
③もう一人は、受け入れの達人の役です。いじわるな自己嫌悪の声の中に、レッテル貼りなどの必要のない歪《ゆが》みを取り除き、その奥に埋もれた真実のみを受け入れる役です。

真実を受け入れるときには、その真実に対して、さまざまな価値観を押しつけることのないようにします。たとえば、子どもをついつい大声で叱ってしまう自分に嫌気がさしている女性がいたとしましょう。このとき自己嫌悪の中、無意識に自分のことを「怒鳴ってばかりいる最低な母親」と思っているかもしれません。「怒鳴ってばかりいる」のは真実です。しかし「怒鳴ってばかりいる＝《イコール》最低な母親」という図式は成り立ちません。勝手に自分で「怒鳴ってばかりいる」という真実に、「最低な母親」という価値観を押しつけ、レッテルを貼っているにすぎないのです。こうした自分の価値観に基づくレッテル貼りが、私たちを真実以上に苦しめているのです。

真実と価値観によるレッテル貼りを区別するのは大変な作業です。しかし、シンプルに考えるとうまくいきます。ビデオカメラを設置して、そのカメラが撮影できる程度のことが真実です。カメラは人間と違って、真実のみを記録します。人間はその真実に「できそこない」とか「まぬけ」とか「母親失格」とか「負け組」などのレッテルを貼るのでつらくなるのです。もし、そのビデオを見るのが犬だったとしましょう。犬はそんなレッテルを貼ることなく、「ああ、自分は太っている」とか「いつも怒鳴っている」とか思い悩むことなしに、ビデオに映った自分のありのままの姿のみを捉えるでしょう。真実を無理やりプラスに捉えなおす必要もないのです。プラスでもない、マイナスでもない、それ以上でも以下でもない、そのままをただ、受け入れるという技法なのです。

遥さんが受け入れたくなかった真実とは

遥さんの受け入れがたい真実は「婚活のうまくいっていない自分。太っている自分。美人ではない自分」というところでしょうか。遥さんはこれらの中立的な真実に対して、「負け組」「むなしい」というレッテルを貼っていました。真実のみを真摯《しんし》に受け入れることで、心が安らかになれるのでしょうか。

遥さんは試してみました。紙にセリフを書いていきます。

自己批判の役：おまえは女性としての魅力がないんじゃないか。おまけに年は39歳！　結婚などできない負け組だ。

受け入れの達人：あなたの言うとおりです。私は確かにこの5年、彼氏がいません。異性と関係が発展しない原因が何かあるのかもしれません。なんとかしなければなりません。39歳という年齢がそろそろ結婚できる可能性を狭めていることも……おっしゃるとおりです。年々老けていっていることもよーくわかっております。年齢を聞いて引いてる男性も、実際おります。はい。

自己批判の役：そうだ！　君みたいな、女性としてはなんの魅力もなくて、おまけに歳までくってしまったおばさんは、もう誰も相手にしないんだ。結婚などあきらめたらどうだ。

受け入れの達人：う……、おっしゃるとおりですね。婚活していても、最近はお茶に誘ってくれる男性すらいません。これまで勉強も仕事も努力して成果を出してきましたが、結婚ばかりは落第点。参りました。

自己批判の役：そうだ！　おまえは一生結婚などできない負け組なんだ。ひとりで映画を見て、買い物をして、さみしい人生を送るのだ。

受け入れの達人：おっしゃるとおりです。世間の人は私を負け組というかもしれませんね。ひとりで映画を見たり、買い物をしたりしてむなしい気持ちになっています。そのとおり。一緒に誰かいてくれたらってよく思うんです。まだあきらめきれない往生際の悪い女なんですよ。

自己批判の役：おまえはだいたい人間としての魅力がない。そんなだから結婚もできないんだ。

受け入れの達人：私は女性としてだけでなく、人間としての魅力もないとおっしゃるんですね。そうかもしれません。自分には気づいていないだけで何か致命的な欠点があるのでしょうね。ぜひ教えていただきたいです。

自己批判の役：……こんなになんでも受け入れられてしまうと、批判する気が失せてくるし、調子が狂うな……。

遥さんは、これまで必死で自分のプライドを守ってきました。つまり、自分の内なる自己嫌悪のマイナス思考と闘い続けてきたのです。しかし、この技法を使うと、いい意味での「ひらきなおり」ができたのです。「結婚でつまずいている自分」「女性としての魅力がない自分」「人間としての魅力がない自分」「もしかしたら周りからは負け組と思われているかもしれない自分」……などなど。これまで出来る女で通ってきた遥さんには、どれも受け入れがた

い真実だったため、結婚できないという事実以上に不幸な生活を送っていたのです。

受け入れがうまくいった目安

遥さんは受け入れながら、力が抜けていくのを感じました。

「なんか……詰まっている膿《うみ》を出してもらうかんじかな。または筋肉痛のときに上手なマッサージを受けるかんじかな。痛いけど気持ちいい……そんなかんじです。思い切ってひらきなおって受け入れてしまった方が、こわくないものですね。安心します」

遥さんの言うとおり、この技法がうまくいったときには、健全な受け入れができて、痛気持《いたきも》ちいいかんじや安心感が生まれます。また、自尊感情を手に入れたり、喜びや希望を見出したりする人もいます。笑いが出てくるという人もいます。この状態になると、周囲から見ても、自己受容が進んだ人独特のブレない雰囲気、情緒の安定したかんじ、柔軟でつきあいやすい雰囲気になります。

反対に、この受け入れがうまくいかないと、自己嫌悪の気持ちは変わらず、失望したり、自分を卑下して冷笑したり、緊張したままだったりします。

遥さんのその後

この技法をその後も自分自身で繰り返した遥さんは、少しずつ自分への自信を取り戻すことができました。それだけでなく、最近は周囲の人から「雰囲気がやわらかくなった」「話しかけやすくなった」と言われるそうです。遥さんはまだ結婚していませんが、これまでより交友関係が広がり、楽しい独身生活を送っているとのことです。

Case 11

部屋が片づけられない理恵《りえ》さん

（20代女性・独身）

部屋を片づけられずに困っています。衣類はクローゼットに収まりきれないほどで、部屋中にあふれています。水回りも押入れの中もぐちゃぐちゃです。休日には、そんな家にいると気持ちが滅入るので、なるべく外出するようにしています。最近は、汚い風呂を使いたくないので、近所のスーパー銭湯のシャワーで済ませるようにしています。

← 理恵さんの悩みに答えるQ&A

Q1

私の部屋は散らかっていています。物が捨てられなくてごちゃごちゃです。

理恵さん

A

喜びや成長につながると思う活動について事前に予想した満足度と実際の満足度を比較する。

——満足度予想技法

物が片づけられないと悩む人は多い

「断捨離」という言葉があります。不必要な物を捨てて、部屋をすっきりさせて快適な生き方をしようというものです。その他にもお片づけセラピー、整理整頓などのテーマが多くの書籍やテレビ番組で取り上げられています。

理恵さんは、こうしたテーマに興味がある女性のひとりです。しかし、いざ自分の部屋を片づけるとなると、なぜか取りかかることができないのです。テレビでたまに見かけるゴミ屋敷に、自分の家が近づきつつあるのを恐ろしいと思うと、なおさら家にいたくない気持ちが強くなり、ますます片づけができなくなるのです。友人も恋人も部屋に呼べない状態が続いています。理恵さんは自己嫌悪でいっぱいです。次第に気持ちが落ち込み、よく眠れなくなってきました。これはうつの症状かもしれない、と思った理恵さんは、カウンセラーのもとを訪れました。

先延ばしがうつの症状？

カウンセラーは理恵さんにうつの症状が起こるきっかけに何か心当たりはないかと尋ねましたが、理恵さんは「特にストレスはありません」と言いました。「仕事は忙しいけれどやりがいがあるし、友人や恋人ともうまくいっています。ただ、忙しくて体は疲れているかもしれません」と言いました。カウンセラーはもう少し詳しく聞いてみました。

理恵さんによると、ここ数年、仕事が忙しくなり、休日出勤も増えてきたそうです。その頃から部屋が散らかり始め、そんな散らかった部屋を見ていると自己嫌悪に陥るため、どんなに疲れていても外出をするようになり、体を休めることができなくなったといいます。

カウンセラーはうつ状態においては、多くの人が意欲を失いがちで、しなければならないことを先延ばしにしてしまうこと、その結果たまった、しなければならないことを見てますます気持ちが落ち込んでしまうことを説明しました。先延ばしはうつ的な行動であり、それがまたうつの気分を助長していたのです。

理恵さんは堰《せき》を切ったように話し始めました。

「そうです。ずっと、ずっと気になっていたんです。部屋が片づけられないことなんて、誰にも恥ずかしくて言えないし。もう一人じゃ手に負えなくて、つらかったんです」

理恵さんのように部屋の片づけに限らず、うつ状態になると、締め切りのある仕事が間に合わなくなったり、休職中の会社への連絡がおっくうになって後回しになったりといった、さまざまな先延ばしがたくさん出てきます。そして、その結果、仕事が滞ってますます気分が落ち込んだり、会社から連絡もしない不届きものと思われたのではないかと悩み始めるなど、ますますつらい悪循環に陥るのです。

もちろん、うつ状態ではないにしても日頃から先延ばし癖のある人もいます。そのような人は、知らず知らずのうちに「自分はだらしない」「いつも先延ばしにする情けないやつ」のように自己嫌悪を繰り返しているのかもしれません。

先延ばし癖の克服方法

先延ばしの癖は、どんな有能な人にも多くみられる困った行動です。しかし、克服するのにいい技法があるのです。カウンセラーは理恵さんに、**反先延ばし技法**を教えました。
反先延ばし技法は次の技法から成り立っています。

- 満足度予想技法
- 大きな仕事のための小さなステップ技法
- 問題解決技法

これらのうちまず一つ目の「満足度予想技法」を使って理恵さんに先延ばしを克服してもらいます。

満足度予想技法

満足度予想技法は、「満足度予想表」を使って、自分が喜ぶ活動や自分の成長につながるだろうと思う活動について、あらかじめ満足度を予想し、活動した後に実際感じた満足度を評価するという方法です。これを行うことで、自分が先延ばしにしている活動だけでなく、日頃している他の活動が、自分にどのくらいの満足をもたらしているかを確かめることができます。

理恵さんは、ある朝、その日一日の活動予定を書き込んでみました。その日は仕事が休みで天気もよく、外出にはもってこいの日でした。理恵さんは、「散らかった部屋にひとりでいると気が滅入るので、デパートにショッピングに行き、その後ランチをしよう」と思いました。「それから映画を見て、またショッピングで時間をつぶして、日が暮れてから帰宅してテレビを見て寝よう」……これでは、いつもの休日と同じ過ごし方になってしまいますから、新しい試みを取り入れてみました。ちょうどゴミ出しの日なので、すぐに捨てられるようなお菓子の空き箱やカップラーメンの容器などをゴミ袋一杯分だけ捨てることにしました。さらに、日頃は靴であふれかえり、足の踏み場もない玄関なのですが、数カ月ぶりに靴箱に履いていない靴を収めることにしました。

出かける前に、満足度予想表を記入します。一日の活動のそれぞれに事前にどのくらい自分が満足できそうかを予想して記入しておくのです。0が全く満足できなかった点数で、100が最高です。理恵さんは、洋服を買うのが大好きなので満足度を高く予想しました。映画は当たり外れもあるので、70くらいにとどめておきました。靴の片づけやゴミ捨ては、これまでやらなければと思いながらも考えるのも嫌でたまらない活動でしたので、10と低く予想しました。理恵さんの記入した満足度予想表は次ページの表のとおりです。

さて、一日が始まりました。街に出かけるために服を着替えようとしましたが、着たいと思っていた服が、無造作にクローゼットの床に他の衣類とともに押し込められていたため、しわしわで着ることができませんでした。気を取り直して間に合わせの服を着て出かけました。デパートに着くと、今年の流行色の服がたくさん日に飛び込んできました。理恵さんはうれしくなりましたが、あるカットソーを手にしたときに、愕然《がくぜん》としました。

満足度予想表			
活動の内容 喜びや自分の成長につながりそうな活動を記入	**一緒に行う人** 一人で行うときは「自分と」と記入	**予想される満足度** 活動する前に満足度を0～100%で予想	**実際の満足度** 活動した後に満足度を0～100%で記入
ショッピング	自分と	100%	
ランチ	自分と	90%	
映画	自分と	70%	
ショッピング	自分と	100%	
靴の片づけ	自分と	10%	
ゴミ捨て	自分と	10%	

文献2のp.747をもとに作成。

「私、これに似たのを持ってる。でも洗濯しないまま部屋のどこかにあるんだよね。こうしていざ着たいってときに洋服がどこにあるかもわからないし、汚いまま。それでまた似た服を新しく買うなんて……。なんか馬鹿なことしてる」

そう考えると、どんなに素敵なワンピースやスカートを見ても、理恵さんはつらくなる一方でした。

昼になり、ランチをしようとお店を探しましたが、休日のデパート付近の飲食店は家族連れやカップルなどで込み合っていて、なんとなくひとりで立ち寄るのは場違いな気がしました。仕方なく、ファストフード店でそそくさとごはんをすませました。

その後は映画に行きました。なかなかおもしろい映画だったことや、ゆったりと座り心地のよいシートだったことで、楽しむことができました。

映画が終わると午後4時でした。それから理恵さんはまたショッピングをする予定でしたが、午前中と同じ思いをするのはごめんだと思い、早めに帰宅することにしました。

帰り道、これから片づけやゴミ捨てが待っていると思うと気持ちが重くなってきました。

「私のことだから、一旦帰宅したらまたやる気が失せてしまいそうだ」

そう考えた理恵さんは、気乗りしないままではありましたが、帰ってすぐに玄関先でそのまま靴を片づけてしまおうかと考えました。さらには、玄関からリビングに行って座り込んでくつろぐ前に、台所でゴミをまとめてしまってはどうかとも考えました。嫌なことはさっさと終わらせてしまいたかったのです。

理恵さんは、帰宅するや否や靴をほいほいと靴箱に収めました。ものの1分足らずで、数カ月間、足の踏み場もなかった玄関の床を久々に目にすることができたのです！　理恵さんはあっけにとられました。

「私が今まで先延ばしにしてきたものってなんだったんだろう」

勢いにのった理恵さんは、その足で台所へ行き、すぐに捨てられそうなゴミを集めてゴミ捨て場に行きました。ずしりと重いゴミ袋を、ゴミ捨て場に置いた瞬間、理恵さんは心が軽くなるのを感じました。

そうです。理恵さんの事前の予想に反して、片づけやゴミ捨ては理恵さんに大きな満足や安心感、爽快感をもたらしたのです。理恵さんは今日一日を振り返り、満足度予想表に実際の満足度を書き足しました（次ページの表参照）。

満足度予想表			
活動の内容 喜びや自分の成長につながりそうな活動を記入	**一緒に行う人** 一人で行うときは「自分と」と記入	**予想される満足度** 活動する前に満足度を0～100%で予想	**実際の満足度** 活動した後に満足度を0～100%で記入
ショッピング	自分と	100%	30%
ランチ	自分と	90%	30%
映画	自分と	70%	70%
ショッピング	自分と	100%	–
靴の片づけ	自分と	10%	100%
ゴミ捨て	自分と	10%	100%

文献2のp.747をもとに作成。

こうして表にまとめることで、理恵さんはあることに気づきました。自分がこれまで楽しいと思っていたショッピングやランチや映画といった活動は、思ったより満足を得られないようです。反対に、片づけやゴミ捨てといった活動は、いざ始めてみればこんなにも満足できて、ほっとした気持ちになる、良い活動だったのです。

理恵さん自身も、片づけができれば気持ちがすっとするだろうとはわかっていたのですが、まさかここまでとは思いませんでした。さらには、汚い部屋からの現実逃避としてのショッピングは、自分をよりみじめにして、体を疲れさせていたということもわかりました。

だまされたと思って試してみて

ここまで読み進められたみなさんは、どんな感想をお持ちですか？　こんな満足度予想表なんて書かなくても、最初から想像してみればわかることだと思いますか？

だまされたと思って試してみてください。頭の中だけで考えるよりも、実際に行動してみると得られるものがたくさんあります。そうして体験の中から得られるものは、頭の中で考えることとはまた違った角度から私たちにいい影響を与えます。思わぬ発見があるかもしれません。また、経験したことを表にまとめる作業は、客観的に自分を振り返ることのできるいいものです。ぜひお試しください。

Q2 今日こそ断捨離を！ と思うのですが、できません。

理恵さん

A 一気に美しい部屋を目指そうとせずに小さな目標から取りかかって。

——大きな仕事のための小さなステップ技法

部屋を片づけることがおっくうで、ついつい先延ばししてしまう癖のある理恵さん。この癖は、部屋の片づけだけでなく、仕事や友人関係の場面にも共通してみられることでした。こうした先延ばしを克服するために、理恵さんは**大きな仕事のための小さなステップ技法**を試してみることにしました。

最初の一歩をどう踏み出すか

もし理恵さんが、部屋の片づけの第一歩として、靴の片づけやゴミ捨てといった3分以内でできるような活動ではなく、完璧で美しい収納やモデルルームのようなインテリアにすることに取り組もうとするなら、どうなると思いますか？　きっと理恵さんは、あまりに大きな目標を目の前に、ますます現実逃避して街中をさまよっていたことでしょう。もしくは、取りかかったとしても部屋中に散らかる衣類や食器や書類の山に圧倒されて、立ち尽くしてしまったかもしれません。

このように、先延ばしをしてしまうほど大変なものに取り組む最初のステップは、小さな目標にして、すぐに簡単に取り組めるものにすることが必要です。

ゴミ屋敷に近い家でも、最初の一歩は、まずは足の踏み場を作ることでしょう。いえ、もっと最初のステップはゴミ袋を大量に買い込むことかもしれません。最初の一歩を確実に踏み出すことができれば、やる気が出ます。そのやる気を味方につけて、次の一歩をまた踏み出せばいいのです。こうして、なるべくなだらかな小さな階段状の目標を作ってひとつずつ達成していくことが成功の秘訣です。

理恵さんの計画

理恵さんはゴミでいっぱいの自宅を片づけるためのステップを次のように作りました。

①ゴミ袋をコンビニで、大量に買ってくる。
②粗大ゴミの出し方を、市のホームページで調べる。

③掃除道具とマスクをホームセンターで買う。
④必要な衣類と必要でない衣類の仕分けを始める。
⑤必要のない衣類を捨てて足の踏み場を確保する。
⑥⑤で作った足の踏み場に、掃除機をかける。
⑦必要な衣類の洗濯やクリーニングをする。

こうして具体的に書き出してみると、掃除を漠然となんとなくしようと思っていたときに比べて、現実感がわいてきて、何をどうすればよいのかがよくわかりました。理恵さんは「これくらいならできそう」という気持ちになり、やる気が出てきました。

この調子でいけば、同様の手順で他の部屋の掃除もなんとかなりそうです。本当なら一日で家中の掃除を終えたい気持ちがありましたが、そうした欲を出さないように自分に言い聞かせながら掃除を進めました。

クローゼットの仕分け作業が終わるまでに、実に半日がかかりました。理恵さんは、この部屋の掃除にかかる

時間の日安がわかりました。自分の予想では1時間もかからないと思っていた作業でしたが、大きな見積もりの誤りがあったのです。こうした誤差は、他の掃除の計画を立てるときの参考になります。

良い計画の立て方

よく、先延ばししていたことに取りかかるための計画を立てる際に、高い目標を立ててしまう人がいます。実際に確実に行うことができる計画を立てることが、成功につながりますし、達成感を味わえることになります。実際どのくらいの時間を費やすのかはっきりしない場合には、理恵さんのように試しに1カ所の掃除をしてみて、その時間を目安にしてみるというのが一番実際的でしょう。ぜひ、等身大の計画を立ててみてください。

Q3

部屋を掃除する計画を立てても、いろいろ予定が入るんです。

理恵さん

A

予め掃除計画の邪魔になりそうなことを予想し、対策を立てて。

――問題解決技法

急に仕事が忙しくなった！

自宅の掃除に取りかかるための計画を立てた理恵さん。しかし、掃除を予定していた日の2日前から、仕事が急に忙しくなってしまいました。急遽《きゅうきょ》、休日返上で仕事に出ることになってしまいました。これまでだって、汚い家でもなんとか生活することができていただけに、ついつい掃除は優先順位が低く、後回しになってしまっていたのです。

みなさんも、心に決めた掃除計画が台無しになった経験はありませんか。たとえば、帰宅してすぐに靴を片づけようと計画していたけれど、靴が多すぎて靴箱に収まりきれずにやる気を失ったとか。もしくは、ゴミを捨てようとしたら急に雨が降り出して面倒になってしまったとか。また、映画館でおもしろそうな映画がレイトショーであることを知り、帰宅が午後10時を過ぎてしまって疲れきって、掃除をしたくなくなったとか。

邪魔が入ることも想定した計画を立てる

こうした予定外の邪魔は入るものです。また、邪魔はなにも自分の外側からばかり入るわけではありません。他ならぬ自分の心の中に数々の先延ばししようという誘惑や言い訳がうごめいているかもしれません。「別に明日でもいいんじゃない」とか、「部屋が多少汚くても生きていけるさ」などです。

こうした邪魔についても書き出して事前に対策をとっておくのが**問題解決技法**です。この技法では、次ページの表のように活動の邪魔になりそうなことを書き出し、解決策を記入する表を作ります。

問題解決技法

このように予め対策をとっておくことで、予定したことをもうこれ以上先延ばしすることなく実行

予想される問題と解決策	
問題	解決策
1. 靴が靴箱に全部収まりきれないかもしれない。	1. いいチャンスだ。不要な靴を捨てればいい。
2. 急に雨が降り出してゴミ捨てに行く気が失せるかもしれない。	2. 雨に降られてもゴミ捨て場までせいぜい1分足らず。どうせその後外出するわけじゃないし、風呂に入ればいい。
3. 片づけなんてなにも今日しなくてもいいんじゃないかと考えるかもしれない。	3. また先延ばしをすると、苦しむ時間が長くなるだけだと考えて実行に移す。
4.	4.

することができます。自分の心の中に棲《す》むぐずぐず悪魔が、どんなときにふと姿を現してあなたにぐずぐずしようとささやいてくるのでしょうか。「私は今日こそ強い意志で先延ばしせずにやり遂げるのだから！」と気合いだけを頼りにがむしゃらにがんばるよりは、成功率が上がる方法です。

理恵さんのその後

その後の理恵さんは、同じ手順で、台所の片づけ、クローゼットの不要物の処分、風呂の掃除……と次々に掃除をしていきました。モデルルームのようなお部屋とはいきませんが、洋服がどこにあるのかがわかるようになりましたし、気持ちよくトイレや風呂を使うことができるようになりました。そして、ずいぶん久しぶりにリビングでくつろぐことができたのです。これでもう、部屋から逃げるように街中をうろついて疲れることもなくなりました。

「まさか、こんなにも先延ばしが自分を苦しめていたなんて。基本的なことで、見逃しがちだったわ。気持ちが落ち込むのは、もっと高度で複雑なストレスのせいかと思っていたので、びっくり。今は先延ばしせずにさっさと取り組むことのできる自分のことが、前より好き」

先延ばしは思った以上に自尊心を奪い、人をうつ状態にします。ぜひこの先延ばし克服テクニックを毎日の生活に取り入れてみてください。

Case 12

夫にイライラしている若菜《わかな》さん（30代女性・主婦）

夫の生活態度にイライラしています。朝起きるのが遅くて、せっかく炊き立てのごはんを用意しても、冷めきった頃にしかテーブルにつきません。お風呂にもなかなかすぐには入ろうとしないので、せっかく温かいお湯が入っているのに夫が入浴する頃にはぬるくなってしまっています。夫の生活態度を改める方法はないでしょうか。

← 若菜さんの悩みに答えるQ&A

Q1

だらしない夫の生活態度を改めさせるにはどうしたらいいですか？

A

「～すべき」「～すべきではない」を「～した方がいい」「～しない方がいい」に変える。

――意味論的技法

若菜さん

イライラしているのは夫にだけ？

若菜さんは、とてもきれい好きできちんとした女性です。主婦業も完璧にこなします。それとは対照的でだらしない夫にイライラが止まらないようです。結婚してすぐの頃はまだ我慢できていたようですが、結婚2年を過ぎた頃から、眉間にしわを寄せたままの自分に気づき、カウンセラーのもとを訪れました。
カウンセラーは、若菜さんにこう質問しました。「イライラするのは、だんなさんにだけですか？他にも似た場面はありませんか？」
若菜さんはしばらく考えてから答えました。

若菜：イライラは……しょっちゅうしていますね。この間はあるハンバーガー店に行ったんですよね。私は店員さんに一つずつ質問されて長々と時間を取られるのが嫌いなんです。だから、最初から「チーズバーガーを持ち帰りで、ドリンクとポテトSのセットで。ドリンクはアイスコーヒーで砂糖もミルクもいりません。あとチキンをマスタードソースでお願いします」と頼んだんです。こんなふうに頼めばもう質問されなくてもすむはずなんです。それなのに店員は要領が悪くて、「ドリンクは何になさいますか？」なんて言うんですよ。なんのために私が完璧なオーダーをしたのだか。そういうの、イラッとするんですよね。

カウンセラーは、他にもいくつか似た場面を聞き出した後でこう答えました。

イライラの背景に潜む、すべき思考

カウンセラー：イライラする気持ちは、嫌なものですね。できればイライラしたくないものです。このイライラの気持ちが生まれる背景には、もしかすると「すべき思考」という考え方の癖が潜んでいるのかもしれません。

若菜：「すべき思考？」

カウンセラー：〜すべきとか、〜であるべきとか、〜しなければならないとか、そういった口癖はありませんか？

若菜：私は……そればっかりですね。

若菜さんは夫に対しては「ごはんは炊き立てを食べるべき」「風呂には熱いうちに入るべき」というすべき思考を繰り返していました。ハンバーガー屋の店員に対しては、「注文は一度で正確に聞き取るべき」というすべき思考を持っていました。若菜さんはなるほど、カウンセラーの言うとおりだと思いました。しかし、すぐに疑問がわきました。

若菜：でも、それは間違ったことではないはずですよね。私は部屋の中に汚い靴下が散らばっているのは嫌だし、炊き立てのごはんを食べてほしいし……。よかれと思っているんですよ。

カウンセラー：もちろんそうです。若菜さんのおっしゃることは正しいですし、その考えを変える必要はありません。私だって、せっかく用意した朝ごはんはおいしいうちに食べてほしいです。ただ、「すべき」と思っていると今のようにイライラしてしまい、つらくなってしまいますね。ここでいい方法があるのです。

意味論的技法とは

カウンセラーは**意味論的技法**について説明しました。この技法は、とても簡単です。「私（他人）は、～をすべきだった（すべきではなかった）」という文章を、「私（他人）は、～をした方がよかった（しない方がよかった）」と書き換えるのです。とても単純で、効果があるのか疑わしいかもしれませんが、こう言い換えると、感じ方はかなり変わります。

すべき思考は、うつや不安、怒りなどの嫌な気持ちをたくさん生じさせます。自分にすべき思考が向いていると、「私はもっとがんばるべきだった」のように、自分を責める気持ちになり、気分が落ち込んだり不安になったりします。また、他人にすべき思考が向いていると、「あの人はもっとしっかりがんばるべきだった」のように、他人を責める気持ちになり、怒りや恨みの感情がわきます。

すべき思考を「～した方がいい」とか「～した方が望ましい」と言い換えることで、「そうそう、そうした方が望ましいんだけれど、今回はそうはならなかった。絶対そうしなければならないわけではない」と、気持ちを和らげることができるのです。

意味論的技法を夫とのやりとりで試す

若菜さんは試してみました。

まずは夫に対してです。夫はいつものように朝、炊き立てのごはんではなく、冷めたごはんを食べる時間まで二度寝をしていました。若菜さんは心の中でこう思いました。

若菜：ああ、また寝坊。せっかく炊き立てのごはんがあるのに！　早くおいしいうちに食べるべきなのに……おっとっと。これを言い換えるのね。おいしい炊き立てのごはんを食べる方がいい。うん、でも間に合わなかった。絶対炊き立てじゃないといけないわけではない。私はそもそも夫を思いやって炊き立てを食べさせてあげようと時間を調整しているのだ。思いやりから始まった行動の結果、イライラして八つ当たりするのでは、結局夫にはなんの思いやりも届かない。

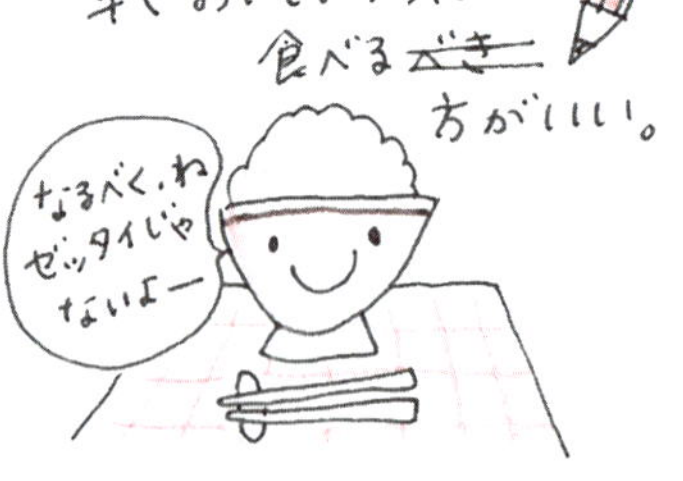

そう考えると、イライラしなくてすみました。なんだか炊き立てにこだわっていた自分がうそみたいでした。

お風呂の時間もそうです。今日もまた、夫はテレビに夢中でお風呂になかなか入りません。

若菜：お風呂には熱いうちに入るべき……おっとっと。これを言い換えるのだから、お風呂は熱いうちに入るのが望ましい。でも、まぁ、いつ入ろうと自由だろう。そもそも夫は湯船に浸かってゆっくりするのはそんなに好きではない。

なんだか気持ちが楽になっていきます。夫もいい大人なのだから、多少放っておこうかしらなどという考えもわいてきました。

意味論的技法をハンバーガー屋の店員に試す

ハンバーガー屋の店員に対してはどうでしょう。注文を一度で正確に聞き取ることが望ましいと言い換えたとして、店員にもう一度ドリンクは何にするかと質問され、それに答えるということをしなければなりません。なんだか馬鹿らしい気がしませんか。

若菜さんはこう考えました。

若菜：店員は一度に正確に注文を聞き取るに越したことはない。ただ、それができないからといってイライラして、嫌な気分を数十分から半日近く持ち続けるのは本当に嫌だ。そんなコストに比べたら、もう一度質問をされてほんの数秒間注文の時間が延びて、それに答えるくらいのコストは安いもんだ。

たしかにそうですね。そんなにかかる時間に差がなく、手間でもないのなら、イライラすることが馬鹿らしくなるというわけです。

これは極めて単純な技法ですが、コツコツ「すべき思考」を言い換えていくことで、素晴らしい習慣になります。自分を責めて落ち込んだとき、うまくできたか不安でしょうがないとき、他人にイライラしてたまらないときには、「すべき思考」をしていないかチェックしてみましょう。

Case 13

ママ友ができない雅美《まさみ》さん
（30代女性・専業主婦）

我が家は、夫が転勤族なので全国を転々としています。2カ月前に、現住所に引っ越してきました。子どもの通う幼稚園でママ友を作りたいのですが、挨拶《あいさつ》程度で、もう一歩踏み込んだ親しい関係にはなることができていません。最近では「メールの返事がなかったらどうしよう」とか「迷惑がられていたらどうしよう」と不安になり、新しく友達を作る気力がわきません。

← 雅美さんの悩みに答えるQ&A

Q1

私は新しくママ友を作るのが苦手です。がんばってもどうせ親しくなれないと思うと不安なんです。

雅美さん

A

ママ友ができるかどうかという結果だけを気にしすぎていませんか?

――過程 VS. 結果技法

人間関係で不安になる理由

雅美さんは「この土地でもママ友がひとりもできないんだ」と考え、夫以外の大人と会話をする機会がなくなり、次第に気持ちが落ち込むようになりました。どうにかしたいと、カウンセラーのもとを訪れました。

雅美さんは、カウンセラーに堰《せき》を切ったように気持ちを吐き出した後、こう言いました。

雅美：私が一番不安になるのは、ママ友からのメールの返事や次のお誘いを待っているときです。また一時的な社交辞令で連絡先を交換しただけで、これ以上は親しくなれないんじゃないか、相手は私と仲良くなりたいと思っていないんじゃないかと考えたら、いてもたってもいられません。

カウンセラー：新しく友達を作るのは、確かに勇気がいることですね。相手も自分と同じように仲良くなりたいと思っているかどうかはとても気になりますよね。

雅美：どうしたらいいんでしょうか。ママ友を作りやすくするための方法ってないでしょうか？

カウンセラー：雅美さんのお話を聞くと、雅美さんは積極的に連絡先を聞いたり、ランチに誘ったりしてすでにがんばっていらっしゃいますね。私は今日初めて雅美さんとお会いしたわけですが、正直なところ、雅美さんはとてもかんじのよい女性だと思います。

雅美：ありがとうございます……。でもそれじゃ、なぜ友達と親しくなれないんでしょう。私に何か悪いところがあるんじゃないかと思うんですけど。

カウンセラー：雅美さんは、結果だけで物事を判断されていませんか？

雅美：？

カウンセラー：この、友達と親しくなれるかなれないかという結果だけで、自分の価値を判断されているような気がします。だから不安になるのではないかと。

カウンセラーは続けて次のように説明しました。

結果だけにとらわれていませんか?

物事の評価は、過程（どれだけ努力したか）と結果の両方、またはどちらかに基づいて行われます。雅美さんは、自分がママ友を作るために努力している、かんじのいい笑顔や話し方、積極的な連絡先交換などの「過程」によって自分を評価していません。そのママ友と親しくなれるかどうかという「結果」のみによって、自分を評価していました。

人間関係には、自分だけの努力ではどうしようもない部分があります。こちらがどんなにかんじよくしていて、どんなに相手と仲良くなりたいと思っていても、相性が合うか合わないかという問題があります。それ以外にも、そのママ友がたまたま気分が優れず新しく人間関係を広げたい気分ではないということもあるでしょう。もしくは、当分子どもの行事や家の用事で忙しく、ランチに誘う暇がないだけかもしれません。あるいは、もともと受け身の態度の人で、いつも誘われる側なのかもしれません。こうしたさまざまな要因があるにもかかわらず、雅美さんは「このママ友と親しくなれないのは、私に何か欠点があるからだ」と決めつけて落ち込んでしまっていたのです。

過程 vs. 結果技法とは

こうした場合には、**過程 vs. 結果技法**が有効です。この技法では、過程（どれだけ準備や努力をしたか）あるいは結果のいずれかに基づいて自分の業績を評価します。過程も結果もどちらも重要です。過程（準備や努力）は自分でコントロールできます。しかし、結果は必ずしもそうではありません。

ママ友ができるかどうかといった場面だけでなく、就職の採用面接の結果を待つときや、お見合いの返事を待つとき、おつきあいしたいと告白してその返事を待つときなどなど、私たちの周囲には努力や準備だけが結果をすべて決めるとは限らない場合が多いものです。こうした場面で、結果のみで自分を評価し続けているとしたら、それは必要以上に自分を苦しめているということになります。「過程 vs. 結果技法」を使うと、雅美さんの悩みはどうなるでしょうか。

ママ友作りに過程 vs. 結果技法を用いる

雅美さんはカウンセラーと共に、ママ友を作ることについての過程と結果を以下のように整理しました。

ママ友を作ること

- 過程（準備や努力）：私は新しく出会う人に不快感を与えないように、身なりを整え、自慢話も控え、笑顔で接している。積極的に連絡先を聞いて、こちらからランチに誘うこともしている。
- 結果：ママ友と親しくなれるかどうか。

次に雅美さんは、過程と結果のうち、自分がコントロールできるものについて考えてみました。

雅美：私は夫の全国転勤につきあって、数年ごとに転居しながらも、新しい土地に慣れようとがんばってきた。それで身につけた適応力で、積極的にかんじよくがんばることができている。コントロールできる過程については十分努力している。一方で、そのママ友と親しくなれるかどうかは、自分の努力の及ばない領域だ。ママ友の側の事情もあるだろうし、ふたりの相性もあるし。……自分のコントロールできる過程については、十分よくやったのだから、あとは結果を待つしかないんですよね。コントロールの及ばない結果についてまでコントロールしようとして心配するから不安になるんですね。

カウンセラーはうなずきながら聞いていました。

雅美：そう、努力するだけはしたのだから、果報は寝て待つ、くらいの心構えでいいんですよね。ママ友と親しくなれないからって、私が悪いわけじゃない。まぁ、親しくなれるに越したことはないですけどね。

雅美さんはちょっと安心した表情で笑いました。カウンセラーは雅美さんに対人関係上の度胸のようなものがついたように見えました。

その後の雅美さん

それからしばらくたってから、雅美さんはまたカウンセラーのもとに現れました。今度はずいぶん明るい表情です。

雅美：あれから、あまり気負わずにまた連絡先を交換したり、ランチに誘ったりしていたんです。久々にいろんな人に声をかけました。またメールが返ってこないんじゃないかとか不安になりそうになったら、「過程vs.結果技法」を使いました。そうした

ら……そのうちのひとりからお茶に誘われたんですよ。今まで、プレッシャーを感じすぎていて、知らないうちにちょっと緊張していたのかもしれません。

雅美さんは新しい土地でもまたやっていけそうです。

Case 14

明るい性格になりたい楓《かえで》さん（20歳女性・会社員）

私はもう少し明るく前向きな性格に変わりたいです。いつもくよくよ落ち込んでばかりなんです。本当は明るくテキパキした、かっこいいキャリアウーマンに憧れています。でも実際はやりがいのない仕事を、いやいや続けています。これといった特技もないし、自分に自信がありません。数年前から自己啓発本を読んだり、セミナーに通ったりしたんですが、結局何も変わることができませんでした。どうしたらよいでしょうか。

← 楓さんの悩みに答えるQ&A

Q1

明るい性格になりたいんです。どうしたらくよくよ落ち込む自分を変えることができますか？

楓さん

A

今のままの自分であり続けることのメリットとデメリットを挙げて、変わりたくない隠れた理由を自覚する。

――メリット・デメリット分析

変身願望は誰にでもあるもの

映画や小説やテレビに出てくる主人公や有名人のように堂々と自信に満ちた魅力的な人になりたいとか、もしくはもっと身近な誰々のように明るくなりたいとか。私たちは誰かに憧れ、性格丸ごと変わってしまいたいと思うことがあるかもしれません。

しかし、なかなか性格が大幅に変わったという経験をお持ちの方や、そういう人を多く知っているという人はなかなかいないようです。なぜでしょうか。

それは、性格はよっぽどその人の人生観を揺るがすような大きな出来事でもない限り、なかなか変わらないものだからです。そもそも性格は、一時的な行動ではなく比較的長期間続くその人の行動特性と定義されていますから、その性格がこれまでずっと続いてきただけの歴史や理由があるわけです。これを変えようというのはそうたやすいことではありません。

カウンセラーに相談してみた

それでもなんとかしたくて、楓さんはカウンセラーのもとを訪れました。カウンセラーは話を聞いた後、こう尋ねました。

カウンセラー：楓さん、もし、ここに自分のなりたい前向きで明るい性格になれるボタンがあるとしましょう。そしたら楓さんはすぐにでもそのボタンを押したいですか？

楓さんは、耳を疑いました。このカウンセラーは私の話をちゃんと聞いていたのだろうか？　と思いました。すぐにこう答えました。

楓：もちろんですよ。すぐに押します。だって変わりたくてここに来たんですから。

カウンセラー：いえ、私はちょっと気になったんです。楓さんの変わりたいという強い気持ちはよくわかりました。しかし、もしかしたらそれ以上に強い気持ちが足をひっぱっているのではないかと。

楓：？　どういうことでしょう？

メリット・デメリット分析とは

カウンセラーは**メリット・デメリット分析**の説明をしました。この技法は、とてもシンプルです。今の自分のままでい続けることのメリットとデメリットを書き出すのです。

「今の自分のままでい続けること」
メリット：
デメリット：

この用紙を前にして、楓さんは戸惑いました。

楓：明るく前向きになりたいと思っていて、変われないと思っている私にとって、今の自分のままでい続けるメリットなどあるのでしょうか？

カウンセラー：人がある行動をとり続ける際には、デメリットよりもメリットの方が上回っているからだといわれています。何も得をしない行動は通常続かないものです。楓さんの気づかないところで、実は今の自分のままでいた方がよい点があるのかもしれません。

楓：私の気づいていない、変わらないことのメリット……。

半信半疑ながらも、楓さんは考え続けました。その場ですぐには思い浮かばなかったため、一週間後の面接までの宿題にして持ち帰りました。

日常生活の中で、変わらないことのメリットを探す

楓さんはその一週間のうちに、落ち込む出来事を経験しました。

楓さんは仕事でミスをしてしまい、上司にひどく叱られました。仕事が終わり、帰り道で楓さんは自分を責めました。

楓：ああ、また私はやらかしてしまった。私は何をやってもダメなんだ。役立たずの私なんて、いっそいなければいいのに……。

これは楓さんの決まり文句です。落ち込んだときにはだいたいこんなことをひとりでつぶやきます。

楓さんはコンビニに寄って、ビールとつまみを買い込みました。恋人に話を聞いてもらいながら一緒に飲むためです。楓さんの恋人は落ち込むたびに昔から話をよく聞いてくれて、なぐさめてくれます。その日も恋人は「大変だったね。つらかったね」と優しくしてくれました。

少し元気を取り戻した楓さんは、帰宅しながらはっとしました。

楓：私がくよくよ落ち込んだ自分のままいるのは、もしかしたら恋人に甘えて慰めてもらいたいからかもしれない。

こんなふうに考えたのは初めてでした。もし、楓さんがひとりで仕事のミスから立ち直り、シャキッとした女性ならば、平日の夜から恋人と会って飲んで話を聞いてもらったりすることはなかったかもしれません。また、楓さんの恋人はそんなふうに楓さんに頼られると、男としてうれしそうにしているという面もありました。

楓：私がくよくよ悩んで恋人に頼っていることで、私たちの関係はうまくいっていたのかもしれない。……落ち込んでみせることで、恋人からの愛情を引き出していたのかな。

楓さんはさらに考えました。

楓：でもひとりのときでも落ち込む。もし今日恋人が仕事とかでつかまらなかったとしたら私はどうしていたかな。……ひとりで「私ってかわいそう」とか言いながら長風呂したり、おいしいもの食べたりしたんだろうな。そう、昔から悲劇のヒロインぶるところがあるんだよね。

翌週、いろいろなことに気づいた楓さんは、カウンセラーに報告しました。

カウンセラー：今の自分のままでい続けることの隠れたメリットがたくさん見出せたようですね。すごいですね。

楓：自分でも意外でした。たしかに、恋人から優しくされたり、悲劇のヒロインの気分に浸ることって、私にとって大事なんですよね。こんな強烈なメリットが隠れていたなんて。でも、だからって、このままくよくよし続けるのは嫌です。

カウンセラー：その隠れたメリットに気づくことが、一番難しい変化への大きな一歩なんですよ。

楓：そう思います。気づかないうちに落ち込み癖のループにはまっているよりは、どういう理由で落ち込む癖がやめられないかがはっきりしていた方が、対策のしようがありますもんね。私が落ち込まなくたって、恋人はきっと優しくしてくれるし、悲劇のヒロイン気分に酔いしれるよりは、もっと明るい気分でいた方がいいなと思います。今度また落ち込んだときには、また何かメリットが隠れているんじゃないかと気をつけて自分をみてみたいと思います。

その後の楓さん

それから数カ月後、カウンセラーのもとに楓さんからの手紙が届きました。楓さんは時々は恋人に頼ることもあるけれど、以前より自立した女性になったそうです。また、悲劇のヒロイン気分になることも依然としてあるけれど、無自覚だったこれまでとは違い、現在は「意図的に」「楽しんで」浸っているそうです。最近は資格取得の勉強を始めることができ、なりたい自分に一歩近づけたようだとのことです。

Case 15

恋愛トラウマを抱える玲華《れいか》さん（30代女性）

私は、20歳頃につきあった恋人のことがトラウマになって、別れて10年以上たった今も新しい恋愛に踏み出すことができません。当時の恋人は、何か気に食わないことがあると、物を壁に投げつけたり、暴言を吐いたり、暴力を振るう人でした。今でも思い出すと、心臓がバクバクして息がつまりそうです。新しい男性に会っても、「この人も突然怒りだすのではないか」と考えて、恋愛はおろか、仕事上のつきあいや友達づきあいさえも怖くなっています。

← 玲華さんの悩みに答える Q&A

Q1

昔の恋愛がトラウマで、新しい恋に踏み出すことができません。

玲華さん

A

過去の恋愛トラウマにあえて直面し、記憶を書き換えよう。

——認知的フラッディング

——イメージの置き換え技法

トラウマを克服する方法は

トラウマという言葉を聞いたことはありますか？　専門用語でいえば、心的外傷後ストレス障害（Post Traumatic Stress Disorder：ＰＴＳＤ）といいます。生きるか死ぬかという悲惨な事故や事件を目撃または体験するなどして受けた心の傷が、その悲惨な出来事が終わった後も数カ月から何年にもわたってさまざまな症状を引き起こすことをいいます。眠れなくなったり、その悲惨な場面が映像としてちらついたり、それで怖くなってその現場や似た場面に近づけなくなってしまったり……。世間一般で「トラウマ」と言うとき、この定義には厳密には当てはまらない場合も多いですが、本人が苦しくて前に進めないとしたら、大きな問題です。

トラウマは、どのように克服できるのでしょうか？

カウンセラーのもとを訪れた玲華さん

恋愛トラウマのため、仕事や友人関係、恋愛に支障をきたした玲華さんは、カウンセラーのもとを訪れました。話を聞き終えた後で、カウンセラーは成し遂げるのにはかなりの覚悟が必要だが、効果的な治療法があることを告げ、それにチャレンジする意思があるかどうか尋ねました。玲華さんは10年以上この問題で悩んでいたため、藁《わら》にもすがる思いで、チャレンジしたいと答えました。

カウンセラーの勧めた治療法は次の2つでした。**認知的フラッディングとイメージの置き換え技法**です。

認知的フラッディングとは

認知的フラッディングは、過去の生々しい記憶や恐怖をかきたてる想像など、今となっては実際に見ることができないけれど、心の中に居座っている不安や恐怖に対して用いられる技法です。PTSD、恐怖症、内気、スピーチ不安、強迫性障害（強迫症）などさまざまな不安障害（不安症）の治療に用いられています。

❀ 認知的フラッディングの手順 ❀

①恐れている状況をできるだけ生々しく思い描きます。
②それを鎮めようとせずそのまま身をおきます。
③不安が低くなるまで待ちます。

玲華さんは、この手順に従って始めました。まず、①恐れている状況をできるだけ生々しく思い描きました。目を閉じて、トラウマになっている、恋人から受けた最もつらい記憶を思い出しました。

玲華さんが思い出したのは、恋人から発せられた「おまえは尻軽な最低な女だな」という罵声《ばせい》でした。玲華さんが同級生の男友達とメールをしていることを知って激しく怒りだした恋人が、玲華さんの携帯電話を真っ二つに折ってしまった場面でした。当時の玲華さんの一人暮らしをしていた部屋や、恋人がそう言ったときの声の調子、にらみつける目、その後の暴力など……思い出すだけで寒気がするようでした。

カウンセラーは玲華さんに今の不安の程度を、0%（不安を全く感じない）から100%（極度の不安を感じる）までで評価してもらいました。

玲華：今は、80%です。

この技法を成功させるためには、不安はかなり強いものであることが重要です。玲華さんの記憶では、このセリフのあと、ひどい暴力をふるわれたとのことでした。しかし、あまりにつらい記憶なので、なるべく思い出さないように心の奥にしまっていました。思い出してしまうと、そこから這い上がることができず、調子を崩して日常生活が送れないだろうと思っていたからです。玲華さんは、それでも覚悟を決めてその続きを想起しました。

恋人は真っ二つに折った携帯電話を床に投げつけて、ローテーブルを蹴りました。ガラス製のテーブルは割れて、大きな音が部屋に響きました。それから恋人は玲華さんの胸ぐらをつかんで床に突き飛ばしました。倒れた玲華さんに向かって恋人はさらに罵声を浴びせ続けました。玲華さんは必死で謝りながら震えて怯えている……そんな場面でした。玲華さんの不安は100％に達しました。

通常、不安が100％になる事態は、誰もが避けたい一大事です。しかし、そこから逃げたり、避けたりすればするほど、皮肉なことに不安はますます大きくなります。反対に、つらくてもその不安を感じる場面から逃げ出さずに、身を置いて、じっとしていることで不安は少しずつ減っていきます。この技法では、この最も強い不安に立ち向かって、そこにい続けることで、不安を低減させます。

玲華さんは、ずっとこの暴力の場面を思い出すことを避け続けていたので、余計に不安が強まり、トラウマから抜け出せずにいたのです。今回こうして暴力の場面から逃げ出さずに不安を感じきったことで、不安はまるで燃料を失ったかのように鎮火に向かっていったのです。

イメージの置き換え技法とは

次にカウンセラーは**イメージの置き換え技法**を勧めました。不安が100％に達した状況のイメージを、別のイメージに置き換えるのです。これにはちょっとクリエイティブな力が必要です。たとえば、そこに警察官が現れて恋人を止めてくれたり、恋人の背中の電源ボタンを押して一時停止状態にしてみたり、想像の中で自分がとても口達者な強靭《きょうじん》な精神の持ち主になって恋人を言いくるめたり、ものすごく力持ちなボディガードを従えていたりなど……。少しでも自分の安心できるイメージへと書き換えるのです。

❀ **イメージの置き換えの手順** ❀

①不安に思う状況をイメージします。
②そのイメージを平穏で安心できるようなイメージに置き換えます。

玲華さんは、当時の自分の部屋で床に倒れて怯える自分に対して、どんな暴力をもはねのける無敵のバリアを張ることのできる能力と、自己主張のできる芯の強い部分をプラスすることにしました。

想像の中で、玲華さんは恋人の暴力にひるまず、起き上がって胸を張り、平然とこう言い返しました。

玲華：私が誰とメールしようと自由だわ。そんなことであなた

に尻軽呼ばわりされる筋合いはない！　私をその程度しか尊重できないのなら、今すぐ別れましょう。こちらから願い下げです。私は暴力を許さない！

想像の中の恋人は、それでも怒り、手を上げようとしましたが、無敵のバリアに跳ね返されてしまいます。最後には仕方なく部屋から退散しました。見事に恋人の暴力に対してNO《ノー》を突きつけた玲華さんは、ちょっと安心した表情を浮かべました。

玲華：私は……もう恋人の暴力に振り回されていた20歳頃の私とは違うんです。今はもっと強くなりました。恋人の暴力におびえて、言いなりになっていたのは間違っていたんです。今なら、もう少しちゃんと跳ね返せるはずです。……そう、今の私なら、これから出会う男性が、たとえ暴力男でも、ちゃんと跳ね返せるはずなのだから、そんなに怖がる必要もないんです。

玲華さんは、これまで恋人からの暴力の被害者として、みじめな気持ちを抱えて生きてきましたが、今回の想像の中では、力強く自尊心を取りもどしています。このように身体的虐待にも、性的虐待にもこの技法は役立ちます。想像力が豊かな方ほど向いている技法です。ただし、つらい出来事を生々しく思い出すことであまりに危険な状態の方は、カウンセラーや医師など専門家と共に行ってください。

Case 16

占い依存の涼子《りょうこ》さん（30代女性）

私は優柔不断なので、占いについつい頼ってしまうんです。結婚の時期も、新居の方角についてもそうです。でも新婚旅行の行き先を占いで決めようとしたときに、これまではずっと占いにつきあってくれていた主人も、我慢の限界がきて怒り始めたんです。それで、新婚旅行先を占いで決めずにフランスへ行くことになってしまい、不安でたまりません。どうしたらいいでしょう。

← 涼子さんの悩みに答える Q&A

Q 1

たかが占いと彼は言います。私も頭ではそうわかっているんです。それでも気になって頼ってしまうんです。占い依存は治りますか？

涼子さん

A

占いを禁止し不安なままの状態でい続けることで不安は燃え尽きる。それが占い依存からの脱出の鍵。

——曝露《ばくろ》反応妨害法

他人事ではない占い依存と似たもの——迷信、げんかつぎなど

みなさんは子どもの頃に、「救急車が通るときに親指を隠さないと親の死に目にあえない」という

迷信を耳にしたことはありませんか？ 地域によっては、「息を止めなければならない」など多少の差はあるかもしれません。子どものころは、そんなことを聞くと信じてしまって、救急車が通り過ぎるときには、たとえ遊んでいる最中でもなんでも、一生懸命に親指を隠していたものです。大人になると、救急車が通ることと親の死に目にあえないことが無関係であることは頭では理解できるようになります。しかし、なんとなく親指を隠すのをやめられないという方もいらっしゃるのではないでしょうか。

程度の深刻なものは強迫性障害

救急車が通るたびに親指を隠す行動を強迫行為といいます。強迫行為とは私たちが危険を避けるために繰り返しとる行動のことをいいます。「親の死に目にあえないかもしれない」は、強迫観念にあたり、親指を隠すことは強迫行為にあたります。強迫性障害（強迫症）という診断名の由来はここにあります。

強迫観念にとらわれたり、強迫行為をしてしまうことは、実は私たちの日常によくあります。家を出るときに鍵をかけたかどうか気になって確認しに戻ると、今度はガスの元栓を閉めたかしらと気になってまた確認するといった具合です。これらは些細なことで、特に生活に支障をきたしていないという場合がほとんどです。しかしこれらの強迫行為で、たびたび家を出るのが遅れてしまい、会社や人との約束に間に合わないことを繰り返しているなど、日常生活にかなりの支障が出ている場合には、治療の対象となるでしょう。

カウンセラーのもとを訪れた涼子さん

さて、事例の涼子さんの場合は、新婚旅行に行くのが憂鬱《ゆううつ》になっていますし、新婚生活そのものも楽しめない状況になっています。涼子さんは思いきってカウンセラーと共にこの占い依存を克服しようと決心しました。

その前の時点にちょっと遡《さかのぼ》って見てみましょう。

涼子さんは先月結婚式を終えました。実は彼からプロポーズされたのはおととしのことでした。彼はすぐにでも結婚式と披露宴をあげたいと希望しましたが、涼子さんはそれを延期してもらいたいと言いました。なぜなら、占いによると、その年に結婚すると破局しやすいということだったからです。新居についても、彼は職場の近くの静かで住みやすい町を希望しましたが、涼子さんは電車で2時間もかかる町を希望しました。なぜなら、占いの勧める方位がそうだったからです。こんな調子で、彼は涼子さんの希望をすべてかなえるために、新婚生活を始めるまでに2年近く待たされました。

こうしてようやく始まった結婚生活には、早くも危機が迫っていました。まずは、毎日の長時間通勤のせいで、彼が涼子さんと過ごせる時間は朝起きてから出勤するまでの40分と、帰宅してから就寝するまでの1時間で、一日の合計が2時間にも満たないことでした。おまけに、彼は満員電車の通勤でいつもひどく疲れていて、涼子さんと仲良く話をする余力は残っていませんでした。ようやくひとつ屋根の下、生活を共にするようになったのに、ふたりはお互いを遠くに感じていました。

さらに困ったことは、2カ月後に迫った新婚旅行のことでした。当初ふたりはヨーロッパに行く予定でした。涼子さんはかねてからフランスに行ってみたいと思っていました。彼も賛成してくれて、とても楽しみにしていました。しかし、その直後のことです。涼子さんがいつものように占いに行き、こんなことを言い出したのです。

涼子：ごめん。旅行先だけど、東南アジアにできない？　それから、時期はあと半年後がいいわ。

彼はうんざりした顔で言いました。

彼：いいかげんにしてくれ。またそれも占いなんだろ！　こんな生活、もう終わりにしたい！

涼子さんは困ってしまいました。せっかく始まった新婚生活が占いのせいでダメになろうとしているのです。涼子さんは、彼に「もう占いに頼らない」と約束して、そのまま2カ月後のフランス旅行の手続きを始めました。

涼子さんは頭ではわかっていました。占いに頼らなくても、別に自分の生活にとってつもなく悪いことは起こりはしないと。気休めに占ってもらっているだけで、優柔不断な自分の背中を押してもらっているだけだと。しかし、旅行会社でフランスへの新婚旅行の日程を決めたり、飛行機の手配をしているとなんともいえない胸騒ぎがしてくるのです。そのうち、新婚旅行のことを考えると胸がドキドキして、不安でたまらなくなり、旅行に行くのが怖くなりました。そんなときには決まって占いのサイトを見て気持ちを落ち着けるのですが、これを繰り返していては旅行どころではないことははっきりしていました。そこで、カウンセラーのもとを訪れたというわけです。

カウンセラーの勧めた治療法は**曝露《ばくろ》反応妨害法**でした。

曝露反応妨害法とは

曝露反応妨害法は、強迫性障害の治療に大きな効果が実証されている治療法です。さまざまな強迫行為を克服することができる効果的な方法なのです。手順はいたってシンプルです。

❀ **曝露反応妨害法の手順** ❀

①わざと一番恐れている対象（もの、状況など）に身をおきます。
②不安のあまりいつもの強迫行為を行いたくなっても我慢して、そのままでいます。
③不安が低くなるまで待ちます。

この治療法を用いると、不安に思うものや状況に、あえて意図的に自分を長時間さらしておくため、不安は非常に強くなります。すべての人がその場から逃げ出したくなります。しかしこの逃げ出すこと（回避）こそが、ますます不安を高めることがわかっています。

たとえば、集団に入るのが嫌だと思っている人が、ずっと人の中でかかわりあっていくことを避け続けていると、ますます集団が怖くなり、社会が怖くなり、家の外に出られなくなってしまうという例がこれに当てはまります。集団の中にい続けることで、傷つくこともあるかもしれません。しかし、社会にい続ければ、「思っていたよりは、世の中悪い人ばかりではない」という体験を積むこともできたかもしれないのです。回避することで、このような多様な経験を積むことなく、「こうして引きこもり、避けているから安全なのだ。外に出ていっては危険だ」という信念をますます強くしてしまっているのです。

この治療法は、避けなければ不安でしょうがないという恐怖の対象に身をさらすものなので、多くの人が嫌がります。「そんなことができるのなら、最初から強迫行為なんてしていないし、ひとりで治せます」とおっしゃいます。そのくらい実施することに勇気のいる治療法です。しかし、そのぶん効果は絶大です。

涼子さんのチャレンジ

涼子さんは、結婚生活の存続をかけて、この難題にチャレンジすることにしました。

涼子さんはまず、一番不安を感じる場面を設定しました。新婚旅行のためのパリのパンフレットを机に並べて、旅行の計画を立てる場面です。カウンセラーの目の前で、ガイドブックや日程表を並べていきました。エッフェル塔や凱旋門の写真、地図などがたくさん机の上に並びました。

涼子：こうして並べると、ああ、旅行がもうすぐなんだなぁと実感するんですよね。すると、「ほんとにここへ行っていいのかな。事故にあったりしないかな。方角や日時は大丈夫なのかな」って心配になるんですよね。そこで……。（携帯電話を取り出す）占いのサイトで調べるんです。旅行に最適な方位や日時を。調べないと、なにか悪いことが起こるような気がして。で、ラッキーアイテムとかカラーとかも調べて、できる限りの対策をとるんですよ。

カウンセラーは、涼子さんにとっての強迫行為は携帯電話で占いサイトを見ることなのだと理解しました。

カウンセラーは、涼子さんに、フランス旅行の計画の詳細について一緒に話そうと提案しました。ただし、その間に不安が高まっても、決して携帯電話で占いサイトを確認しないことを約束してもらいました。

涼子さんはガイドブックを開きながら、食べてみたい料理や行ってみたいスポットについてカウンセラーに話し始めました。5分もしないうちに、会話は少なくなり、視線はそわそわし始めて、うわの空のようでした。

涼子：早くも苦しくてたまりません。占いで答えあわせをしたくなっているんです。宿泊するホテルからみて、こっちの方角は外出に正しいのかどうか……。

カウンセラーはどんなに不安が増しても、待ち続けていれば

やがて不安は燃え尽きることを伝えて、携帯電話で占いサイトを見ずに旅行の話を続けるよう言いました。涼子さんは冷や汗をかきながらも、一生懸命旅行計画の話を続けました。

60分のセッションの間に、涼子さんの不安は増す一方でした。手に汗を握り、面接室を出たら真っ先に占いサイトを確認したい衝動に駆られていました。青ざめた顔で涼子さんはカウンセラーに尋ねました。「本当に効果があるんでしょうか？」

カウンセラーはこの治療法を毎日、旅行のガイドブックを開くたびに続けてほしいと言いました。涼子さんは半信半疑でしたが、後がないため続けることにしました。

一週間試した結果は

翌週、カウンセラーのもとを訪れた涼子さんは、明るい顔をしていました。涼子さんはあれから毎日15分ずつフランスの旅行のガイドブックを読み、綿密に計画を立てていったそうです。始めて2、3日はとても苦しくつらい気持ちでいっぱいでしたが、必死に携帯電話で占いサイトを見ないように我慢したそうです。すると4日目からは、次第に不安をあまり感じなくなり、6日目には「どこに行ってもなんとかなるさ。どうして占いにばかり頼っていたんだろう」とすら思えるようになったというのです。

涼子：私は彼にひどいことをしました。占いにばかり頼っていたんです。もともと新しいことを始めるときにとても緊張して、うまくいくかいつも自信がなくておびえていたんですね。そういうときに占いに頼りすぎていたんだと思います。新しい結婚生活も、初めて行くフランスも、確かに不安だけど、そういう不安は彼と共有して一緒に解決していけたらと思います。

その後の涼子さん

2カ月後の面接で、涼子さんはカウンセラーにフランス土産を持参しました。新婚旅行を思いきり楽しむことができたとのことです。

Case 17

掃除が怖くてできない智子《ともこ》さん（20代女性）

どうしても部屋の掃除ができないんです。気づいたら部屋の床の上には綿ぼこりが舞って、ベタついています。トイレや風呂、台所などの水回りはひどいものです。掃除したいのはやまやまだけれども、スポンジや雑巾などを手で触れるのが怖いんです。だから掃除ができないんです。

← 智子さんの悩みに答えるQ&A

Q1

私は部屋の掃除が苦手です。汚いものに触れるのがつらすぎるからです。不潔恐怖症なのでしょうか？

智子さん

A

抵抗の少ないものから順にチャレンジしていけば克服できる。

――段階的曝露《ばくろ》

きれい好きな人のおうちは、いつもピカピカで気持ちいい……そんなイメージはありませんか？窓ガラスもピカピカに輝いていて、台所もお風呂もトイレも水滴ひとつすらない。きれい好きでお部屋がきれいになるのはとてもいいものです。

対照的に、最近若い女性の中で部屋の汚いことでひそかに悩んでいる人が多いといわれています。部屋が汚い人はすべてだらしなく、汚くても平気なのでしょうか？　汚いものに対して鈍感なのでしょうか？

きれい好きすぎて掃除ができないという矛盾

どうやら部屋が汚い女性の中にも、実は2つのタイプがあるようです。ひとつは、部屋が汚いことが気にならないし、大して清潔にしたいとも思っていないタイプです。もうひとつは、本当はきれいにしていたいと思うのに、行きすぎた不潔恐怖のために掃除が怖くなってしまっているタイプです。後者の場合は、頭では「きれいなのが好き」と思いながらも、掃除ができないわけですからストレスは相当なものでしょう。ここでは、こうしたタイプにお勧めの方法をご紹介します。

母親に付き添われてカウンセラーのもとを訪れた智子さん

ある日、智子さんの母親は、初めて智子さんの家を訪れました。あまりに汚い家に言葉を失い、娘が精神的な問題を抱えているのではないかと心配して、一緒にカウンセラーのもとを訪れました。

不潔なものを恐れるあまり、雑巾や掃除用のスポンジに触れることができない智子さんに、カウンセラーの勧めた治療法は**段階的曝露《ばくろ》**でした。

段階的曝露とは

段階的曝露の手順はいたってシンプルです。

❀**段階的曝露の手順**❀

①不安階層表を作ります。不安の対象をレベル1（最も不安が低い）からレベル10（最も不安が高い）で評価し、リストアップします。

②レベル1から順に、不安と闘わず、一定の時間その不安な状況に身をおきます。

③不安が低くなるまで待ちます。

不安階層表を作る

まず、智子さんは、カウンセラーと一緒に不安階層表を作ることにしました。不安階層表の各段階はできるだけ不安を引き起こし、できるだけ不安が持続するように書きます。

智子さんの不安階層表は次のようになりました。

不安階層表

レベル	不安の対象
1（低）	リビングに掃除機をかける。
2	リビングを使い捨てのウェットシートで拭く。
3	リビングの引き戸の溝や、窓のさんなどに溜まったゴミを掃除機で吸い取る。
4	玄関の土間の掃き掃除をする。
5	台所のシンクをスポンジで磨く。
6	台所の生ゴミ受けをビニール手袋をしてスポンジで磨く。
7	台所の排水溝をビニール手袋をしてスポンジで磨く。
8	トイレの手洗い場を使い捨てティッシュで拭く。
9	トイレの便器の側面を使い捨てティッシュで拭く。
10（高）	トイレの床をビニール手袋をして雑巾で拭く。

智子さんはこれまで、漠然と「掃除が怖い。汚いのが怖い。もう自分ではどうにもならない」と悩んでいましたが、こうしてリストアップすることで、自分が一体何を恐れているのか、どんな行動をとれば掃除ができるのかということがよくわかりました。しかし、それでも怖いものは怖いと思いました。リストアップした各状況を思い浮かべただけで吐き気がしそうで、鳥肌すら立ちました。

また、不安階層表を作るにあたって、カウンセラーと話し合い、最終ゴールを設定しなおしました。智子さんはこれまで、すべての掃除というものは、雑巾を素手で持って、てきぱきと拭きあげなければならないと思っていました。母親がそのようにしていたからです。しかし、なにもそれを目指す必要はなく、代替できるものや便利なお掃除グッズを使うことにしたのです。また、今回はひとまず、掃除場所をリビング、玄関、台所、トイレに限定しました。最初から家中の大掃除を目指すよりは、手始めに数カ所からチャレンジした方が成功する可能性が高くなるからです。

不安の低い課題からチャレンジする

こうして、できた不安階層表を用いて、智子さんは早速今日から練習することになりました。段階的曝露では、不安の低いものから順にチャレンジしていきます。

まず、智子さんはレベル1「リビングに掃除機をかける」にチャレンジしました。これについては、さほど恐怖を感じることなくできました。レベル1は、少しのがんばりで達成できる程度の課題をリストアップするとうまくいきます。智子さんは、掃除という言葉を聞くだけで家中の雑巾がけを思い浮かべ、恐怖に駆られていました。しかし、この方法では、「リビングの掃除機かけ」という限定された課題に絞られていたため、気楽にこなすことができました。

翌日、智子さんは、レベル2にチャレンジしました。レベル2は、「リビングを使い捨てのウェットシートで拭く」でした。智子さんは、床のべたつきや、得体の知れない液体のしずくが乾いたものなどを直視するのが嫌でたまりませんでしたが、なんとかやり遂げました。リビングの一角の掃除が終わる頃には、不思議と不潔恐怖が静まっていくのを感じました。

「やっているうちに、ちょっと大丈夫になってきたかも」

智子さんは手ごたえを感じました。

その次の日には、レベル3「リビングの引き戸の溝や、窓のさんなどに溜まったゴミを掃除機で吸い取る」にチャレンジしました。智子さんはここにきてぐっと難易度が上がったなと思いました。窓枠の溝には、昨日の雨で湿ったゴミがたくさん詰まっていたのです。掃除機だけでは無理そうです。智子さんにとってこの課題はもはやレベル8相当のものにまでなっていましたので、その日の課題は急遽《きゅうきょ》レベル4に変更しました。レベル4は「玄関の土間の掃き掃除をする」でした。今の智子さんにとっては、なん

少しずつやってくと，不潔恐怖は
克服できるのね

なくこなせる課題でした。
数日がたち、順番に課題をやり遂げていた智子さんはレベル９にチャレンジしました。レベル９は「トイレの便器の側面を使い捨てティッシュで拭く」でした。智子さんは険しい顔をして挑みました。何度もトイレから出て行きたくなりました。作業を中断して手を洗いたくなりました。ビニール手袋をしていてもティッシュの感覚は伝わってきます。ぞっとして鳥肌が立ちました。しかし、作業をやり遂げました。トイレに居座り続けて5分がたつ頃、智子さんに変化が現れました。汚れを直視し、きれいにしようという意欲が出てきたのです。きっと、不安や恐怖に、意欲が勝ったのです。

その後の智子さん

こうして10日あまりがんばった智子さんは、２週間後の面接でこう言いました。

智子：先生、ずっと恐ろしくてたまらなかったのがうそみたいですよ。なんとか、こなせました。部屋がきれいになって気持ちいいんです。なんと……あのあと、レベル11や12を設定して、ビニール手袋がなくてもトイレ掃除ができるようになったんです。すごい進歩だと思いませんか？

智子さんは、その後も定期的にお掃除の日を設けて段階的にチャレンジを続けています。

Case 18

激しい夫婦喧嘩にうんざりしている千春《ちはる》さん（20代女性　会社員）

私の夫は口うるさい人なんです。自分のことをきちんと大事にしてもらえていないと感じると、ものすごく腹を立てて激しく怒りだし、私を責めます。そうなると私も言い返すことになり、しょっちゅう激しい夫婦喧嘩になります。本当はもっと穏やかな生活がしたいんです。夫の攻撃的な性格はなんとかならないものでしょうか。

← 千春さんの悩みに答えるQ&A

Q1

主人は怒りだすとものすごく攻撃的で困ります。夫婦喧嘩ばかりでうんざりです。どうしたらいいでしょうか?

千春さん

A

夫婦喧嘩の具体的なやりとりを記録し、相手のセリフの中に真実を見つけて受け止める。

――対人関係記録表

――武装解除法

攻撃的な人を変えたい

みなさんの周りに短気で怒りだすと攻撃的で困る人はいませんか? それが、自分の恋人や夫、親や子どもなど身近な人である場合には、これはなかなか深刻な問題です。もっと仲良く、平穏な日々を過ごしたいのに。どうしたらこういう攻撃的な人を変えることができるのでしょうか。

千春さんは攻撃的な夫を変える方法を知るためにカウンセラーのもとを訪れました。

カウンセラーは、千春さんに夫婦でカウンセリングを受けるか、夫がカウンセリングを受けることはできそうかと尋ねました。千春さんは即答しました。

千春：そんなことができていれば苦労はしていないんです。もしカウンセリングを勧めたりすれば、それこそ夫は怒り狂うと思います。

カウンセラーは、この場にいない人を変えることはとても難しいことを伝えた上で、こう言いました。

カウンセラー：夫婦のコミュニケーションのあり方について、千春さんご自身がご自分を変化させることならお手伝いすることができそうですが、いかがでしょうか。

千春：夫婦のコミュニケーションのあり方……ですか……私が変わればいいんですか？　これまでも散々出方を変えてみたんですけど、夫は全然変わらないんですよ。

カウンセラー：千春さんの直面している問題はとても難しいものだと思います。これまで千春さんは旦那様に対して辛抱強く努力を続けてこられました。それでも全然変わったように見えないんですよね。

千春：そうです。そうなんですよ。

カウンセラー：私が千春さんに変化を求めようとしているのは、千春さんが間違っているからとか、変わる必要があるからだと思っているからではありません。通常誰かとの人間関係に悩んでいて、その場に相手がいない場合……その人間関係に悩んで困っている側の人が何かアクションを起こすしかないいんです。相手が進んで変化しようとしてくれればそれが一番手っ取り早く素晴らしいことなんですけどね。

千春：たしかに、夫は自分が変わるべきなんてこれっぽっちも思っていないと思いますよ。私はどんなことをしたらいいんでしょう。

カウンセラー：そのためには千春さんご夫婦のやりとりを見せていただくのがベストです。夫婦喧嘩の会話の内容を映画の台本のようにひとつずつ教えてください。そうすれば、具体的にどんな発言をしたら旦那様と大喧嘩にならないかが助言できるのです。

対人関係記録表とは

千春さんは、夫婦喧嘩をしたら、そのときのやりとりの記録をつけることを約束しました。次のような形式で、会話をそのまま記録するのです。これを**対人関係記録表**といいます。これが最初のステップです。

妻：今日は朝から気分が悪い。はあ……（ため息）
夫：なんだよ、朝からこっちまでテンション下がるじゃないか。
妻：そんな言い方ってないんじゃない？　妻が体調悪いんだから心配してくれてもいいじゃない。
夫：心配したって治るわけじゃないだろ。こっちだって睡眠不足なところを必死で仕事に行こうとしてるんだぞ。

相手とうまくいかなかった場面のやりとりを思い出しながら記録するのですから、あまり気分のいいものではありませんね。しかし、こんなふうにセリフをひとつずつ記録していくと、新たな視点でその場のことを思い返すきっかけになるかもしれません。
千春さんの作成した対人関係記録表は次のようなものでした。

◆ステップ1◆　対人関係記録表

対人関係記録表

夫：あのスーツ知らない？　グレーの。今日着ようと思ってたんだけど。

千春：え？　あれはまだクリーニングに出したままよ。今日着る予定だったの？　知らなかった。
夫：あのスーツ、前に着たのってもう2カ月前だよ？　まだクリーニング屋に取りに行ってないの？
千春：そうよ。なかなか忙しくて。グレーのスーツじゃなくても、他のじゃダメなの？」
夫：ああそうなんだ。いつもだ、いっつもだ！　だいたい最近出かけすぎなんじゃないか？　家のことがちゃんとできないんなら、仕事を減らしたらどうだ？
千春：お互い働いてるんだから、もう少し家事を分担すべきなんじゃないの？　クリーニングくらい自分で行ってよ。
夫：おまえは自己中心的で身勝手な最低な妻だ！
千春：なんであなたは働いてさえいればそれでよくて、私は仕事も家事もしなくちゃいけないわけ？よくそんな不平等なこと言えるわね。ひどい人！　それで自己中心的なんて言われてもたまんない！　じゃあ、今日からごはんも作ってくれる？　洗濯は？　掃除は？　私がたくさん家事をしてることわかってるの？　もう知らない。勝手にして。私、もう家事は一切しないから！
夫：なんて勝手なやつなんだ！　そんなやつと結婚していても意味がない。
千春：ひどい！　こっちがいつもしてあげてばかりなのに。結婚生活で損してるのは絶対こっちの方よ！家政婦でも雇えば？

良いコミュニケーションのチェックリスト				
自分の対応が良いコミュニケーションの例に近いか、悪いコミュニケーションの例に近いか、当てはまる方に○をつけてください。				
	良いコミュニケーション	○	悪いコミュニケーション	○
共感	1. 相手の気持ちを理解し、相手の発言の中に何らかの真実を見つける。		1. 相手の気持ちを理解せず、相手が言っていることは全部間違いだと決めつける。	
アサーション	2.「私は～と感じる」という言い方で自分の気持ちを率直に打ち明ける。		2. 自己防衛的に言い争ったり、相手を攻撃したりする。	
尊重	3. 相手に対してイライラしたりめんどうくさかったりしても、相手を気遣い、尊重する。		3. 相手をけなしたり、冷たく、競争的になったり、恩着せがましいやり方で対応する。	

文献1のp.464より一部改変。

千春さんはこの喧嘩でひどく腹が立ち、傷つきました。「最低な妻」という言葉が耳から離れません。記録して思い返すだけで嫌な気持ちになりました。また、自分が夫の言葉に反応して、だんだん怒りを爆発させていることもわかりました。

自分のコミュニケーションを見直すチェック表

さて、この対人関係記録表ができれば、次のステップです。このステップ2では、記録したコミュニケーションのうち、自分の対応が良いコミュニケーションだったか、悪いコミュニケーションだったかを分析します。その判断材料には「良いコミュニケーションのチェックリスト」（上の表参照）を用います。さらに「コミュニケーションの一般的な誤り」の表（次ページ参照）を使って分析します。

コミュニケーションの一般的な誤り	
対人関係記録表に書いた対応を見直してください。以下のコミュニケーションの誤りのうち当てはまるものはありませんか？	
1. **私は正しい**：自分は正しく、相手は間違っていると言い張る。	10. **直面している問題からの逃避**：話題を変えたり、過去のことを持ち出したりする。
2. **他者非難**：問題はすべて相手の責任だとほのめかす。	11. **自己非難**：相手から批判されないように、ひらきなおって自分がひどい人間ぶる。 例）どうせ私は卑劣な人間よ！
3. **自己防衛過剰**：自分の欠点や短所を一切認めず、言い争う。	12. **絶望感**：自分はあらゆることを試したが何もうまくいかないと主張する。
4. **犠牲者ぶる**：自分は無実で、あまりに非道な相手の犠牲者であると主張する。	13. **支配**：相手に自分の期待どおりに「すべき」だと主張する。
5. **こきおろし**：辛らつで傷つける言葉を使って、相手に劣等感や恥辱を感じさせる。	14. **否定**：この問題において自分には責任がないと主張したり、自分の本当の感情を否定したりする。
6. **レッテル貼り**：相手に「まぬけ」とか「負け犬」などのレッテルを貼る。	15. **手助け**：相手の話に耳を傾けずに、アドバイスしたり助けたりしようとする。
7. **皮肉**：態度や言葉や声の調子で相手を見くびったり、恩着せがましくしたりする。	16. **問題解決**：相手の気持ちを無視し、相手の悩みを解決しようとする。
8. **反撃**：相手からの批判に対して、こちらも批判で応じる。	17. **受動攻撃**：無視したり、すねたり、ドアをぴしゃりと閉めるなどの間接的な形で攻撃する。
9. **責任転嫁**：相手に欠点があったり、能力がなかったりするので問題の責任を押しつける。	18. **心の読みすぎ**：話さなくても相手は自分の気持ちをわかってくれると期待する。

文献1のp.465より一部改変。

良いコミュニケーションのチェックリスト				
自分の対応がよいコミュニケーションの例に近いか、悪いコミュニケーションの例に近いか、当てはまる方に○をつけてください。				
	良いコミュニケーション	○	悪いコミュニケーション	○
共感	1. 相手の気持ちを理解し、相手の発言の中に何らかの真実を見つける。		1. 相手の気持ちを理解せず、相手が言っていることは全部間違いだと決めつける。	○
アサーション	2.「私は〜と感じる」という言い方で自分の気持ちを率直に打ち明ける。		2. 自己防衛的に言い争ったり、相手を攻撃したりする。	○
尊重	3. 相手に対してイライラしたりめんどうくさかったりしても、相手を気遣い、尊重する。		3. 相手をけなしたり、冷たく、競争的になったり、恩着せがましいやり方で対応する。	○

文献1のp.464をもとに作成。

千春さんは、カウンセラーと共に、自分の対応が良いコミュニケーションであったかどうかをチェックしました。千春さんの対応は、残念ながら、3項目とも、悪いコミュニケーションの例に当てはまってしまいました（上の表参照）。

次に、千春さんはカウンセラーと共に、右の表を使って自分のコミュニケーションの誤りを分析していきました。発見した誤りは次のようなものでした。

◆ステップ2◆ 自分の対応の分析

- **1. 私は正しい、2. 他者非難**：「今日着る予定だったの。知らなかったわ」と言うことで、自分の責任を否定し、暗に計画的にグレーのスーツを着ようと準備しなかった夫を責めている。
- **3. 自己防衛過剰**：クリーニングに出したスーツを取りに行くことについての責任を一切認めず、「お互い働いてるんだから、もう少し家事を分担すべきなんじゃないの？　クリーニングくらい自分で行ってよ」と主張した。

- **6．レッテル貼り**：夫に対して「ひどい人」というレッテルを貼っている。
- **13．支配**：「もう少し家事を分担すべきなんじゃないの？」と自分の期待どおりに夫に動いてほしいと主張している。

　千春さんは、夫のスーツの準備が間に合わなかったことに対して、自分の責任を一切認めず、自分を防衛することに必死でした。夫を男女不平等主義のひどい人だと決めつけて、もっと家事を分担すべきだと主張しました。一方で、夫の気持ちに共感することもありませんでしたし、夫の言うことはすべて間違いだと一切耳を貸しませんでした。

　次のステップでは、自分の対応により、問題は改善したのか、それともいっそう悪化したのかを検討します。また、なぜそうなったのかも合わせて考えます。

◆ステップ3◆ 結果

結果、夫とは激しい口論になりました。

千春さんは夫に家事の分担を求めましたが、最終的に「私は家事を一切しない」と言いました。皮肉にも千春さんは夫が言うとおり「自己中心的な」「身勝手な」人になってしまったのです。

次のステップでは、自分の対応を修正します。その際、効果的なコミュニケーションのための5つの秘訣を参考にしましょう（次ページの表参照）。修正した対応の文末に（ ）で用いた技法の名前を書いておきます。

◆ステップ4◆ 望ましい対応

カウンセラーは、千春さんに**武装解除法**について説明しました。

❀ **武装解除法の手順** ❀

①理不尽で不公平に聞こえる相手からの批判に対して、自己弁護に必死になったり、相手を攻撃したりすることをやめます。
②そのかわりに、相手の言葉の中に、少しでも真実はないかと探すようにします。
③真実についてプライドを捨てて認めます。

効果的なコミュニケーションのための５つの秘訣
聞く技法
1. **武装解除法**：相手が言っていることが間違っていたり不公平だったりするように思えても、その中に何らかの真実を見出す。
2. **共感技法**：相手の立場に立って、その人の目を通して世界を見るように努める。 ●思考の共感技法：相手の言葉を別の言葉で言い換える。 ●感情の共感技法：相手の言っていることをもとに、相手がおそらくどのように感じているかを理解する。
3. **質問技法**：相手が何を考え、感じているかをより一層理解するために、丁寧に、真意を追求する質問をする。
自己表現技法
4. **「私は～と感じる」という言い方**：「あなたは間違っている」という「あなた」が主語になる評価的で決めつけた言い方ではなく、自分を主語にした「私はこういう気持ちだ」といった言い方にする。
5. **相手を尊重する技法**：たとえ言い争いが白熱している最中であっても、相手に対して何らかの誠実で前向きな言葉を伝える。

文献１の p.466 より一部改変。

千春さんは、夫の言葉を真っ向から否定し、耳を貸さず、自分が正しいと言い張りました。この態度を180度変えて、「もしかしたら夫の言っていることに、少しは正しいことがあるかもしれない」という視点で振り返ってみます。

もう一度対人関係記録表に立ち戻ってみると、千春さんの夫は「だいたい最近出かけすぎなんじゃないか？　家のことがちゃんとできないんなら、仕事を減らしたらどうだ？」と言っていました。この言葉の中に何か真実があるとしたら次のとおりです。

- 最近千春さんは仕事やプライベートのお出かけが多い。
- 確かに家事はいつもよりは回っていなかっ

た。

•仕事量は千春さんの権限で減らすことはできないが、なんらかの対策をとらないと家事も仕事も完璧にすることは無理だ。

千春さんは、これらの真実に耳を傾け、認めてみることにします。

修正した対応：そうね。あなたの言うとおり、確かに最近仕事も忙しくて、プライベートでも出かける機会が多かったわね。クリーニングに限らず、夕食作りも掃除も、前ほどはできていなかったわ。（だってあなたが手伝ってくれないからよと言いたいのをぐっとこらえて……）なんとかしなくちゃなと思っていたのよね。**（武装解除法）**

さらに続けましょう。千春さんの夫は「おまえは自己中心的で身勝手な最低な妻だ！」とも言いました。この言葉にはものすごく傷つけられました。これについて、武装解除法を用いるとしたらどうなるでしょう。千春さんの見出した真実は次のようなものでした。

•最近忙しくて家事が回っていない。そういうタイミングで夫にクリーニングのことを持ち出されたのでひどく怒りだしてしまった自分。平常心だったらここまでは怒り責めたてなかっただろう。そう思えば、私は自分の忙しさによって、夫への対応を変え、家事をすべて放棄するとまで主張し始める自己中心的な人間かもしれない。

修正した対応：私が仕事やプライベートで忙しいときだったから、いつものような対応ができなかったわ。こうやって自分の機嫌であなたに怒鳴ったり、家事を押しつけようとしたりするのは身勝手で自己中心的なことよね。**（武装解除法）**

千春さんは、正直、「カウンセラーはずいぶんと私に負け方を教えるもんだな」と物足りなく思いました。そんな調子では、家事分担は相変わらず私ばかりになってしまうだろうし、夫の思うツボだとも思いました。カウンセラーはもしかして男尊女卑の思想の持ち主なのではないかとさえ思えました。

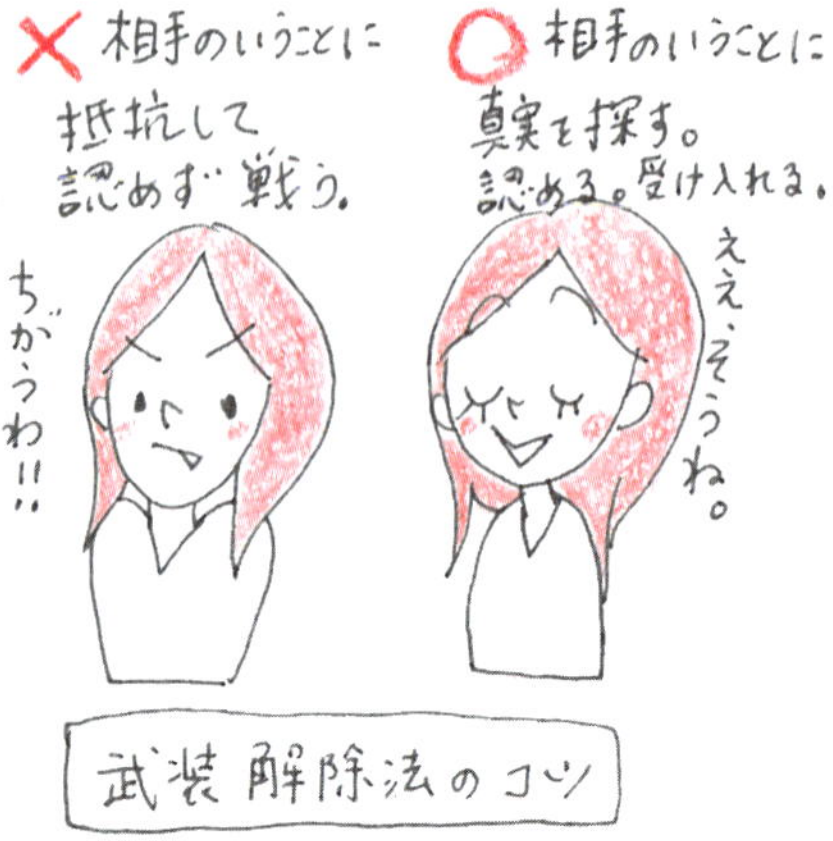
× 相手のいうことに抵抗して認めず戦う。
○ 相手のいうことに真実を探す。認める。受け入れる。
ちがうわ!!
ええ、そうね。
武装解除法のコツ

その後の千春さん

翌週、カウンセリングに現れた千春さんは穏やかな顔をしていました。そして、カウンセラーにこう報告したのです。

千春：思いきって夫にこの間の喧嘩の話を切り出してみました。修正した対応と同じように言ってみたんです。そしたらあの怒りっぽい夫が急に穏やかな口調になって、自分こそ悪かったと謝ってくれました。そして自ら家事の分担をしようと言いだしたんです。こんなこと結婚生活始まって以来ですよ。

なぜ千春さんの夫の態度はここまで変わったのでしょうか。それは、千春さんが武装解除法を用いて、夫の主張を認め、その結果、夫は「自分の意見が尊重された」という安心感を得て、攻撃する必要を感じなくなったからでしょう。一方で、千春さんにとっては、この技法は頭で理解するほどは易しいものではありませんでした。いつも感じている夫への家事分担に関する不公平感や、忙しくて家事がこなせていない自分を弁護したい気持ちをぐっとこらえなければできないコミュニケーションだったからです。それでも成し遂げた末に、大きな成功が待っていました。

この武装解除法は、用いる際に、プライドを捨てたり、ある種の恐怖と闘ったりと、非常に困難を感じる技法ですが、効果は絶大です。一見相手の批判に屈して、受け入れてばかりで弱々しい印象の技法かもしれません。強くありたいというポリシーの持ち主には、屈辱的な技法かもしれません。しかし、プライドを犠牲にしてでも、得られるものは大きいでしょう。相手の態度を柔軟にさせ、心を開いてコミュニケーションをとることができます。また、相手の感情の爆発を防ぐこともできます。そしてなにより、相手と実り多い関係を築くことができるのです。

Case 19

愚痴につきあわされる紀香《のりか》さん（20代女性）

私は同僚の章子にうんざりしています。章子は、以前から上司や職場に対する不満や愚痴をこぼしていました。最近は連日のように延々と愚痴を話し続けるんです。私は一生懸命アドバイスをします。しかし、章子はアドバイスを一度も受け入れ、実行したことはありません。そのくせ、いつも同じことで愚痴を言うんです。そんなに不満があるなら、どうして解決しようとしないんだろう。出口の見えない愚痴につきあうのはもううんざりです。

← 紀香さんの悩みに答えるQ&A

Q1

延々と愚痴を言う同僚がいます。いつもいつも上司や会社への不満ばかり。アドバイスしても、ちっとも前に進みません。もううんざりです。

紀香さん

A

相手がアドバイスを求めているのか、気持ちを聞いてほしいのかを見極めて。

——共感技法

できれば早く終わらせたい他人の愚痴！

事例の紀香さんのような経験はありませんか？　愚痴につきあわされるのは本当にうんざりするものです。同僚の愚痴だけに限らず、結婚相手や恋人に対する不満を口にするばかりでちっとも進歩がない友人はいませんか？　不満ばかり言っている母親の聞き役を長年請け負ってきたという方はいませんか？

愚痴を聞かされている側としては、あまりいい気持ちはしないものです。早くその話を終わらせたい、耳をふさいでしまいたいものです。そこで、私たちはなんとか相手の問題を解決することで話を終わらせたいと思い始めます。

また、相手が自分の大切な兄弟や親や子ども、恋人や配偶者などの身近な人であった場合、その人たちが苦しんだり悲しんだりしているのを見続けるのはつらいことです。その人たちを苦しめている問題をさっさと解決して取り除いてあげたいと思うのが当然でしょう。

愚痴を聞くときに犯しがちなミス

こうした背景から、私たちはある間違いを犯してしまいます。それは、「相手が望んでいないにもかかわらず、相手の問題を解決しようとしてしまう」ことです。つまり、アドバイスしたり、場合によっては代わりに解決してあげようとしたりしてしまうのです。

では、別の例を考えてみましょう。みなさんに中学1年生の子どもがいるとしましょう。その子どもが「今日ね、学校で友達にいじわるなことを言われたんだ」と打ち明けてくれたとしましょう。そのとき、みなさんはどう思いますか？「私の大事な子どもにいじわるなことを言うのはどこのどいつだ！」と即座に腹を立て、担任に電話しますか？　そこまでしないにしても、多くの人がわが子の直面している問題を代わりに解決しようと身を乗り出すことでしょう。このとき、子どもは、もしかしたら、学校での出来事について、お母さんにただ聞いてほしくて、気持ちを吐き出したかっただけかもしれません。子どもは、解決を求めていたのではないのに、母親に早急に動かれてしまって困惑するかもしれません。

わが子が年少であれば特に、私たちは話に耳を傾けて、相手に共感するといったステップを忘れます。それより早く解決してあげなければ！　と心のアラームが響きだすのです。

愚痴の多い同僚につきあう場合も、不平不満をいつも口にする母親につきあう場合も、同様です。相手が解決を求めているのか、ただ話を聞いてもらって共感してほしいのかを見極めることが大切です。

カウンセラーのもとを訪れた紀香さん

紀香さんは、カウンセラーのもとを訪れました。カウンセラーは、紀香さんと章子さんの具体的な会話のやりとりについて教えてほしいと言いました。紀香さんが作成した「対人関係記録表」を見てみましょう。紀香さんと章子さんはいつも次のようなかんじです。

◆ステップ1◆　対人関係記録表

対人関係記録表

章子：ちょっと、聞いて。今日もあの部長すっごくむかつくの。今日中に仕上げなくちゃいけない仕事をさ、17時に渡すのよ！　こっちのプライベートな時間をなんだと思ってるのかしら。仕事を振るんなら、もっと早く言ってくれればいいのに。

紀香：あの部長、前から計画性ないんだよね～。章子もさ、部長に「もう少し早く教えてもらえませんか？」とか言ってみたら？

章子：ほんと部長、仕事、出来ないわ。出来ない人が上にいるって迷惑な話よね。

紀香：もう、出来ない部長ってことで、期待しない方がいいんじゃない？　そしたら腹も立たないって。

章子：あれで私よりうんと給料もらってるんでしょ？　やってらんないわよ。パソコンできないからって私に全部仕事押しつけてくるんだから。

紀香：上は上で見えないところで苦労してるっていうし。まぁ腹を立てるだけ損だよ。

章子：見えないところで？　そんなことないって！　なんでも、噂じゃ、あの部長、しょっちゅう向かいの喫茶店に出入りしているらしいのよ。仕事中によ！

良いコミュニケーションのチェックリスト				
自分の対応が良いコミュニケーションの例に近いか、悪いコミュニケーションの例に近いか、当てはまる方に○をつけてください。				
	良いコミュニケーション	○	悪いコミュニケーション	○
共感	1. 相手の気持ちを理解し、相手の発言の中に何らかの真実を見つける。	×	1. 相手の気持ちを理解せず、相手が言っていることは全部間違いだと決めつける。	○
アサーション	2.「私は～と感じる」という言い方で自分の気持ちを率直に打ち明ける。	×	2. 自己防衛的に言い争ったり、相手を攻撃したりする。	×
尊重	3. 相手に対してイライラしたりめんどうくさかったりしても、相手を気遣い、尊重する。	△	3. 相手をけなしたり、冷たく、競争的になったり、恩着せがましいやり方で対応する。	×

文献1のp.464をもとに作成。

次に、カウンセラーはこの対人関係記録表に記録したコミュニケーションについて、自分の対応が良いコミュニケーションだったか、悪いコミュニケーションだったかを分析するよう言いました。その判断材料には「良いコミュニケーションのチェックリスト」を用います。紀香さんは表にチェックを入れてみました（上の表参照）。

紀香さんはチェックをする中で、ひとつ気づいたことがありました。

紀香：この表の中で一番当てはまったのは、「相手の気持ちを理解せず、相手が言っていることは全部間違いだと決めつける」というところです。同僚の愚痴を聞きながら、心のどこかで「この人は仕事や上司に対する認識が間違っているから、訂正してあげなくては！」って思い込んでいました。章子の気持ちを理解……はしていなかったんでしょうね。

さらに、「コミュニケーションの一般的な誤り」の表（次ページ参照）を用いて、もっと詳細に自分のコミュニケーションを振り返りました。

紀香さんは先ほどよりもさらに身を乗り出してこういいました。

紀香：まさに、表の中の15．「手助け」は私のことですね。私は同僚の気持ちを理解する前に、「なんとか同僚の悩みを解決してあげなくては！」と一生懸命になりすぎていたかもしれません。

紀香さんはカウンセラーと共に自分のコミュニケーションについて分析した結果を次のようにまとめました。

◆ステップ2◆　自分の対応の分析

- **1．私は正しい**：相手の気持ちを理解せず、相手が言っていることは全部間違いだと決めつける。：17時に上司に仕事を振られたことについて腹を立てている章子の気持ちに共感することなく、「章子もさ、部長に『もう少し早く教えてもらえませんか？』とか言ってみたら？」と解決策を提案していた。さらに上司の愚痴を話し続ける章子に対して、その気持ちに蓋《ふた》をするかのように、「上は

コミュニケーションの一般的な誤り	
対人関係記録表に書いた対応を見直してください。以下のコミュニケーションの誤りのうち当てはまるものはありませんか？	
1. **私は正しい**：自分は正しく、相手は間違っていると言い張る。	10. **直面している問題からの逃避**：話題を変えたり、過去のことを持ち出したりする。
2. **他者非難**：問題はすべて相手の責任だとほのめかす。	11. **自己非難**：相手から批判されないように、ひらきなおって自分がひどい人間ぶる。 例）どうせ私は卑劣な人間よ！
3. **自己防衛過剰**：自分の欠点や短所を一切認めず、言い争う。	12. **絶望感**：自分はあらゆることを試したが何もうまくいかないと主張する。
4. **犠牲者ぶる**：自分は無実で、あまりに非道な相手の犠牲者であると主張する。	13. **支配**：相手に自分の期待どおりに「すべき」だと主張する。
5. **こきおろし**：辛らつで傷つける言葉を使って、相手に劣等感や恥辱を感じさせる。	14. **否定**：この問題において自分には責任がないと主張したり、自分の本当の感情を否定したりする。
6. **レッテル貼り**：相手に「まぬけ」とか「負け犬」などのレッテルを貼る。	15. **手助け**：相手の話に耳を傾けずに、アドバイスしたり助けたりしようとする。
7. **皮肉**：態度や言葉や声の調子で相手を見くびったり、恩着せがましくしたりする。	16. **問題解決**：相手の気持ちを無視し、相手の悩みを解決しようとする。
8. **反撃**：相手からの批判に対して、こちらも批判で応じる。	17. **受動攻撃**：無視したり、すねたり、ドアをぴしゃりと閉めるなどの間接的な形で攻撃する。
9. **責任転嫁**：相手に欠点があったり、能力がなかったりするので問題の責任を押しつける。	18. **心の読みすぎ**：話さなくても相手は自分の気持ちをわかってくれると期待する。

文献1のp.465より一部改変。

上で見えないところで苦労してるっていうし」と上司の肩を持つような言い方をしていた。

- **15. 手助け、16. 問題解決**：章子が気持ちを繰り返し吐き出し、共感してもらいたがっているにもかかわらず、その気持ちを汲み取ることなく、「もう、出来ない部長ってことで、期待しない方がいいんじゃない？ そしたら腹も立たないって」とアドバイスしていた。現に章子はアドバイスにはうなずくこともなく、繰り返し立腹した気持ちを吐き出している。

次に、カウンセラーは、紀香さんに、自分の対応により、問題は改善したのか、それともいっそう悪化したのかを検討するよう言いました。また、なぜそうなったのかも合わせて検討するよう言いました。

◆ステップ3◆ 結果

結果、同僚の章子は、「見えないところで？ そんなことないって！ なんでも、噂じゃ、あの部長、しょっちゅう向かいの喫茶店に出入りしているらしいのよ。仕事中によ！」と紀香さんにまで腹を立て始めました。ふたりの雰囲気はとても気まずくなりました。

どんなによいアドバイスも
相手が望んでなければ
届かないのね。
手助け
アドバイス

これは、章子さんが紀香さんに、自分の上司への腹立たしい気持ちをわかってもらおうとしていたのに、それがかなわず、説教じみたアドバイスしかもらえなかったからです。

カウンセラーは、どんな対応にすれば、もう少し良い結果が得られたかについて検討するよう言いました。その際には、「効果的なコミュニケーションのための5つの秘訣」を参考にします（次ページの表参照）。修正した対応の文末に（　）で用いた技法の名前を書いておきます。

◆ステップ4◆　望ましい対応

紀香さんは、アドバイスの代わりに章子さんに共感することが大切だと思いました。そこで、共感技法を用いることにしました。

共感技法とは、相手の立場に立って、その人の目を通して世界を見るように努めることです。具体的には相手が自分の考えを話しているときにはそれを別の言葉で言い換えたり、相手が気持ちを吐き出しているときにはそれについて言葉に出して理解していると伝えたりします。

紀香さんは、自分の対応を次のように修正しました。

章子：ちょっと、聞いて。今日もあの部長すっごくむかつくの。今日中に仕上げなくちゃいけない仕事をさ、17時に渡すのよ！　こっちのプライベートな時間をなんだと思ってるのかしら。仕事を振るんなら、もっと早く言ってくれればいいのに。

効果的なコミュニケーションのための 5 つの秘訣
聞く技法
1. **武装解除法**：相手が言っていることが間違っていたり不公平だったりするように思えても、その中に何らかの真実を見出す。
2. **共感技法**：相手の立場に立って、その人の目を通して世界を見るように努める。 ●思考の共感技法：相手の言葉を別の言葉で言い換える。 ●感情の共感技法：相手の言っていることをもとに、相手がおそらくどのように感じているかを理解する。
3. **質問技法**：相手が何を考え、感じているかをより一層理解するために、丁寧に、真意を追求する質問をする。
自己表現技法
4. **「私は～と感じる」という言い方**：「あなたは間違っている」という「あなた」が主語になる評価的で決めつけた言い方ではなく、自分を主語にした「私はこういう気持ちだ」といった言い方にする。
5. **相手を尊重する技法**：たとえ言い争いが白熱している最中であっても、相手に対して何らかの誠実で前向きな言葉を伝える。

文献 1 の p.466 より一部改変。

紀香：あの部長、前から計画性ないんだよね～。17時に仕事を振るなんてむかつくね！　もっと早く言ってほしいよね！」

（共感技法）

章子：ほんと部長、仕事、出来ないわ。出来ない人が上にいるって迷惑な話よね。

紀香：迷惑よね。仕事の出来ない上司がいるって、章子、ほんとに大変だね。**（共感技法）**

紀香さんは、修正したセリフを見てふと不安になりました。

紀香：あの、こんなふうに気持ちに共感して話を聞いてたら、どんどん愚痴を話されそうで嫌なんですよね。

カウンセラー：そうでしょうか。実際試してみてはどうでしょうか？

紀香さんはあまり気乗りしませんでしたが、次に同僚の章子が愚痴を言ってきたら、今回考えたような共感技法を用いてみることにしました。

「共感モード」で愚痴につきあってみる実験！

再び章子さんが紀香さんに愚痴をこぼしたのは、カウンセリングの次の日でした。仕事が終わっていつもの居酒屋に到着すると、席に座るや否や、注文もしないうちに、章子の愚痴は始まりました。

章子：今日もあの部長にすっごくむかついたの！

紀香：え？　どうしたの？

章子：だってね、自分でやればいいのに、これコピー取っといて！　って書類を渡してくるの。しかも、私がこれから外回りに行くっていうすっごく忙しい時間帯だよ？　コピーくらい自分でとればいいのに！

（大げさに腹を立てたりせずにコピーくらいささっと取ってあげた方がいいんじゃないかとアドバイスしそうになるのをぐっとこらえて……）

紀香：それはむかつくね！　忙しいときに頼まれると章子、困ったんじゃない？

章子：そうよ！　あの部長、いつも暇そうにしてしょっちゅうタバコ吸いに行ったりするくせに、なにも人の忙しいときに言ってこなくてもいいと思わない？

（自分が急いでいることを相手に伝えたり、コピーはどのくらい急ぐのかを尋ねたりして、調整してもいいんじゃないかなとアドバイスしそうになるのをぐっとこらえて……）

紀香：忙しいときに限って！　もっとタイミング見てほしいよね。

章子：そうよ！　ほんっと腹立ったわー！　ふう！　……あ、もう、腹立ててたらおなかすいたわ。注文しよっか！

紀香さんは、章子さんの愚痴大会の雰囲気がいつもと違うことに驚きました。紀香さんが共感するたびに、章子さんは「そうよ！」とうれしそうにすっきりした顔をしたのです。しかも、自分から愚痴を一旦やめて、「注文しようか」と提案してくれたのです。愚痴大会は、いつもよりうんと短い時間ですみました。

紀香さんにとって、共感技法は、アドバイスしたい気持ちを

共感ってけっこう難しい
自分の意見じゃなくて、
こうすればいいよってアドバイスじゃなくって、
気にしなくていいよってなぐさめでもなくって、
○○さんの場合はこうだったらしいよ〜
なんていう聞いた話でもなくって……
やばい。うまく話せない

こらえるための忍耐力が必要な難しい技法でしたが、試した甲斐《かい》がありました。これまで、章子さんの怒りの気持ちの爆発を恐れて、愚痴を聞かないように、聞かないように、アドバイスをして、蓋をしよう、しようとしていました。しかし、それは逆効果で、本当に早く愚痴大会を終わらせたければ、共感するのが手っ取り早いのです。

また、思わぬ副産物もありました。章子さんは居酒屋から出るときに紀香さんにこう言ったのです。

章子：いつも聞いてくれてありがとう。おかげですっきりしたよ。次に同じようなことがあったら、部長にコピーは今すぐじゃないとダメですかって聞いてみるよ。忙しいときに無理してバタバタしたから、余計に腹が立っちゃったんだよね。

紀香さんは驚きました。自分がアドバイスなどしなくても、章子さんはひとりで解決策を見つけていたのです。今まであれほど自分がアドバイスしても聞く耳を持たなかったのに！

また、ふたりの関係も今日はとてもうまくいきました。いつもより楽しい居酒屋タイムになりました。

愚痴以外の場面でも有効な技法です

このお話は「愚痴」につきあわされるお話でしたが、悩み相談でも似たようなことはよく起こります。相手が「相談」という言葉を使いながら「アドバイスをちょうだい」とさえも言いながら、実は心の奥では「大変だね」とか「それはつらかったね」とか気持ちをわかってもらいたいだけ、ということが多いからです。せっかく悩み相談にのって、アドバイスをしたのに、相手から「でも、○○だから無理」とか「だけど、すでに××だから」といった回答ばかりで、どうもアドバイスがすっと入っていくかんじがしない……というときには、「もしかしたら相手は手助けではなく、共感が欲しいのかもしれない」と発想を変えてみるのもいいかもしれません。

Case 20

会話美人になりたい陽子《ようこ》さん（20代女性）

私は彼氏が欲しいのにできません。自分でいうのもなんですが、わりと見かけはいい方です。友達に紹介してもらい、これまでに何人かの男性とデートしてみました。しかし、いつも話題がなくて盛り上がりに欠けます。もっと話題が豊富な会話美人になれたら彼氏ができるのに。

← 陽子さんの悩みに答えるQ&A

Q 1

私は気がきかないし、話題が豊富な女性でもありません。だから恋人もできないし、自分に自信がもてません。どうしたら会話美人になれるのでしょうか？

陽子さん

A

相手にスポットライトを当てて、聞き役に徹してみよう。

——デビッド・レターマン技法（相手にスポットライトを当てる方法）

相手の発言を受け入れ、興味を示して質問を繰り返しながら相手の思考や感情に共感する。
そして相手を尊敬し賞賛する。

——効果的なコミュニケーションのための5つの秘訣

事例の陽子さんと同じように「話題がなくて困ってしまった」という経験は誰しも多かれ少なかれあるのではないでしょうか。話を続けるためのハウツー本は世の中にたくさんありますね。みなさんはこのような場合どうしますか？

話題がなくて困ってしまった、そのため人と会話するのが不安であるという対人恐怖の背景には以下のような自虐的信念が関係しているといわれます。

- **スポットライトの誤り**：他人と会話するのはスポットライトを浴びながら演技するようなものだ。もし私が上手に完璧に話せないと、嫌われてしまう。

このような信念にとらわれていると、自分は相手の興味を引くようなおもしろくて洗練された話をしなければならないという大きなプレッシャーにさらされることになります。そう努力すればするほど、緊張し、話に集中することができなくなり、ぎこちない不自然な印象を相手に与えてしまうのです。

デビッド・レターマン技法とは

それでは、この自虐的信念を克服するためにはどうしたらよいでしょう。

多くの人は、人の話を聞くよりも、自分の話をすることが好きだといわれています。相手に好かれようとする場合には、魅力的な話をしようと自分にスポットライトを当ててがんばるよりは、相手にスポットライトを当てて、相手の話に耳を傾けることが効果をあげるようです。

デビッド・レターマンというアメリカCBSのトーク番組の人気司会者をご存じですか？

彼は「アメリカで最も好きなテレビ司会者」で2位に選ばれたともいわれ、非常に高い評価を受けています。彼の番組には有名人が訪れますが、彼はそのゲストを実に様々な角度から鋭く突っ込み、知的な皮肉を交えながら楽しいトークを展開します。彼は常にゲストにスポットライトを当てながら、突っ込み、面白い話を引き出していくわけです。決して、自分自身について多くを語るわけではなく、あくまで話題はゲストのことです。彼の人気の秘密はこの、スポットライトの当て方にあるのかもしれません。

日本でいえば、長年続いた「笑っていいとも」の司会者タモリさんや、「踊るさんま御殿」の明石家さんまさん、「徹子の部屋」の黒柳徹子さんあたりがそうでしょうか。彼らもまた、これらの番組でゲストにスポットライトを当てて話を展開します。

こうした、相手にスポットライトを当てる上手な話の聞き方のコツを、バーンズ先生は次のようにまとめています。陽子さんはカウンセラーからこれらが記載されたノートを手渡されました。

効果的なコミュニケーションのための5つの秘訣とは

効果的なコミュニケーションのための5つの秘訣

①**武装解除法**：相手が批判や間違っていることを言っていたとしても、その言葉の中に真実を見つけるようにします。

②**共感技法**：相手の考えや気持ちを理解しようと努めます。相手の目線に立って、できる限り相手の使う言葉に忠実に聞き取ります。そして、自分がそれを理解したことを相手に伝えます。例：「○○さんはXYYとかYZZって思っているんだ。もう少し詳しく教えて」

③**質問技法**：相手の考えをさらに知るために、質問します。例：「もう少しそのへんのところを教えて。○○さんはどう考える？」

④**「私は～と感じる」という言い方**：「私は～」という言い方で自分の感情を言います。

⑤**相手を尊重する技法**：相手を褒めます。単なるお世辞ではなく、心から尊敬や賞賛の気持ちを込め、相手の前向きで肯定的な面に注目します。

陽子：うーん……なんか漠然としててよくわかりません。

カウンセラー：そうですね。デートの場面に限定して想像してみましょうか。たとえば、デートの相手が陽子さんの全く興味のない話題について話したとしましょう。そうですね、釣りの話とか……？

陽子：そうですね。趣味は？　とか尋ねて、相手が「釣り」とか「映画」とか私がよくわからない分野のことってあるんですよね。そういうときは、詳しくない分野の話だから盛り上がらなくて。

カウンセラー：そういうときこそチャンスかもしれませんね。この技法を試してみましょう。相手にスポットライトを当てる絶好の練習になりますよ。陽子さんの知らない釣りについて相手にたくさん話してもらうのです。まずは、①武装解除法で、陽子さん自身の「釣りの話題は知らないから聞いてもしょうがない」という構えを一旦はずして、相手の言葉に耳を傾けることからです。それから、②共感技法（思考の共感技法と感情の共感技法）です。相手が釣りのどんなところが好きなのか、どんな気持ちで釣りをしているのかなどたくさん質問しながら、その気持ちに共感していくのです。気持ちに共感する前に、③の質問技法を使って、どんな頻度で、どこで、どんな時間帯に釣りをするのか、どんなものを釣ったことがあるかといった事実を聞いておくと、思考や気持ちに共感するのがスムーズになるでしょうね。

陽子：たとえば……「釣りはどこに行くんですか？」というかんじでしょうか。

カウンセラー：いいですね。質問しては、共感し、共感したことを伝えてさらに質問して……それを続けていくと、相手は陽子さんがとても興味を持ってくれているのでうれしくなるでしょうね。⑤の相手を尊重する技法も忘れずに。

陽子：練習だと思ってやってみます。

その後の陽子さん

数週間後、再びカウンセラーのもとに現れた陽子さんは笑顔でした。

陽子：先生、初めてです。あんなに会話が弾んだのは！　最近友達に紹介してもらった人は証券会社の人で。私、株式とかそういうのに全く知識がなかったんですけど、たくさん質問していくうちに、その人の仕事に対する真面目な面もわかってよかったです。そして何より、その人が「陽子さんといるとついついしゃべりすぎてしまう。こんなにおしゃべりな性格じゃないんだけど、楽しくて」って言ってくれたんですよ。

陽子さんはあっという間に会話美人になれたようです。

この技法を直接誰かに試すのにためらいのある場合には、ノートとペンを用意して一人二役になって相手のセリフと自分のセリフを書いて事前に練習してみるとよいでしょう。

Case 21

面倒くさい男につかまった菜月《なつき》さん（20代女性）

私は明るく社交的なタイプです。友達が多くて毎日のようにいろいろな人と会っています。2年前からつきあっている彼氏がいるんですが、彼によく「君は忘れっぽい」と注意されます。彼が前に話したことや、ふたりでデートした思い出について、あまり覚えていないからです。つい先日、あろうことか、彼氏の誕生日を忘れてしまいました。彼はついにかんかんになって怒ってしまいました。

← 菜月さんの悩みに答えるQ&A

Q1

彼氏の誕生日を忘れていたら、彼氏が怒って「冷たい」とか「本当は俺のこと、好きじゃないんだろう」とか言われて喧嘩になりました。どうしたらいいのでしょうか？

菜月さん

A

相手の感情への恐怖や自分のプライドに邪魔されることなく、相手の言っていることの中に真実を見つける。

――武装解除法

たとえ言い争いが白熱している最中であっても、相手に対して何らかの誠実で前向きな言葉を伝える。

――相手を尊重する技法

喧嘩つづきの原因を探る

菜月さんのような経験はありませんか？　もしくは、葉月さんの彼氏のような立場に立たされたことはありませんか？

菜月さんは確かに、彼のことが大好きです。これからもずっとつきあっていきたい、将来的には結婚もしたいと思っていました。しかし、最近は彼から「本当に俺のことを好きなのか？」と責められて、ふたりは喧嘩してばかりです。そこで、菜月さんはカウンセラーのもとを訪れました。

カウンセラーは、菜月さんと彼の具体的な会話のやりとりについて教えてほしいと言いました。菜月さんは、彼の誕生日の日に行われたやりとりを、対人関係記録表に書き出しました。

◆ステップ1◆　対人関係記録表

対人関係記録表

彼：まさか、俺の誕生日忘れてたわけ？　信じられないよ。おまえはだいたい、俺のことほんとに大事にしてるの？

菜月：ごめんなさい。でもね、大事にしてるよ。まぁ、そんな気にしないで。気を取り直してさ、今からごはん食べに行こうよ。

彼：行かないよ。菜月はさ、俺の話も俺との思い出も全然覚えてないじゃん。菜月はたくさんいる友達のうちのひとりくらいにしか、俺のことを考えていないんだよ。いや、それ以下かもな！

菜月：そんなことあるわけないじゃない！　忘れっぽいのと好きかどうかは関係ない！　私は本気でつきあってるのに！

彼：本気なら、なんで大事な人の誕生日を忘れるんだ！　人を馬鹿にするのもいいかげんにしろ。おまえは最低の恋人だよ。つきあう人を不幸にするんだ。

菜月：どうしてそんなことが言えるの？　ひどい!!　なんでそこまで言われなきゃならないのよ！

彼：俺はもっと傷ついてるんだ！　彼女に誕生日を祝ってもらえないくらいなら、いっそひとりの方がよかったよ。あーあ、これで誕生日が俺のトラウマになるんだ。

菜月：馬鹿らしい。一回くらい誕生日をひとりで過ごしたくらいでトラウマになんてなるわけないでしょ！　いいじゃない、今からケーキ買ってくればいいんでしょ!!　そのくらいのことでいちいち怒るなんてかっこ悪い！　面倒くさい男！

次に、カウンセラーはこの対人関係記録表に記録したコミュニケーションについて、自分の対応が良いコミュニケーションだったか、悪いコミュニケーションだったかを分析するよう言いました。そ

良いコミュニケーションのチェックリスト				
自分の対応が良いコミュニケーションの例に近いか、悪いコミュニケーションの例に近いか、当てはまる方に○をつけてください。				
	良いコミュニケーション	○	悪いコミュニケーション	○
共感	1. 相手の気持ちを理解し、相手の発言の中に何らかの真実を見つける。	×	1. 相手の気持ちを理解せず、相手が言っていることは全部間違いだと決めつける。	○
アサーション	2.「私は〜と感じる」という言い方で自分の気持ちを率直に打ち明ける。	×	2. 自己防衛的に言い争ったり、相手を攻撃したりする。	○
尊重	3. 相手に対してイライラしたりめんどうくさかったりしても、相手を気遣い、尊重する。	×	3. 相手をけなしたり、冷たく、競争的になったり、恩着せがましいやり方で対応する。	○

文献1のp.464をもとに作成。

の判断材料には「良いコミュニケーションのチェックリスト」を用います。菜月さんは表にチェックを入れてみました（上の表参照）。

菜月さんはチェックをする中で、自分がひたすら悪いコミュニケーションを繰り返していたことに気づきました。

菜月：私だって、喧嘩の最中に「ああ、こんなこと言いたくないのに」って思いながらひどいことを言ってるんですよ。なんとか彼と喧嘩しないように、って思ってるのに。

さらに、「コミュニケーションの一般的な誤り」の表（次ページ参照）を用いて、もっと詳細に自分のコミュニケーションを振り返りました。

コミュニケーションの一般的な誤り	
対人関係記録表に書いた対応を見直してください。以下のコミュニケーションの誤りのうち当てはまるものはありませんか？	
1. **私は正しい**：自分は正しく、相手は間違っていると言い張る。	10. **直面している問題からの逃避**：話題を変えたり、過去のことを持ち出したりする。
2. **他者非難**：問題はすべて相手の責任だとほのめかす。	11. **自己非難**：相手から批判されないように、ひらきなおって自分がひどい人間ぶる。 例）どうせ私は卑劣な人間よ！
3. **自己防衛過剰**：自分の欠点や短所を一切認めず、言い争う。	12. **絶望感**：自分はあらゆることを試したが何もうまくいかないと主張する。
4. **犠牲者ぶる**：自分は無実で、あまりに非道な相手の犠牲者であると主張する。	13. **支配**：相手に自分の期待どおりに「すべき」だと主張する。
5. **こきおろし**：辛らつで傷つける言葉を使って、相手に劣等感や恥辱を感じさせる。	14. **否定**：この問題において自分には責任がないと主張したり、自分の本当の感情を否定したりする。
6. **レッテル貼り**：相手に「まぬけ」とか「負け犬」などのレッテルを貼る。	15. **手助け**：相手の話に耳を傾けずに、アドバイスしたり助けたりしようとする。
7. **皮肉**：態度や言葉や声の調子で相手を見くびったり、恩着せがましくしたりする。	16. **問題解決**：相手の気持ちを無視し、相手の悩みを解決しようとする。
8. **反撃**：相手からの批判に対して、こちらも批判で応じる。	17. **受動攻撃**：無視したり、すねたり、ドアをぴしゃりと閉めるなどの間接的な形で攻撃する。
9. **責任転嫁**：相手に欠点があったり、能力がなかったりするので問題の責任を押しつける。	18. **心の読みすぎ**：話さなくても相手は自分の気持ちをわかってくれると期待する。

文献1のp.465より一部改変。

菜月さんはカウンセラーと共に自分の対応について分析した結果を次のようにまとめました。

◆ステップ2◆ 自分の対応の分析

- **1．私は正しい**：確かに恋人の誕生日を忘れて悪いことをしたと思ってはいたが、自分だって好きで忘れたわけじゃない、しょうがないと思っていた。恋人はおおげさに反応していて、間違っていると思っていた。また、恋人がこれからは誕生日がトラウマになると言ったとき、それを否定して、「一回くらい誕生日をひとりで過ごしたくらいでトラウマになんてなるわけないでしょ！」と言った。
- **6．レッテル貼り**：「面倒くさい男！」と彼にレッテルを貼った。
- **7．皮肉**：「今からケーキ買ってくればいいんでしょ!!」と恩着せがましく言った。
- **10．直面している問題からの逃避**：言い争いの最中に、ごはんを食べに行こうと言った。
- **13．支配**：「そのくらいのことでいちいち怒るなんて」と批判し、男はこのくらいのことで怒らず平常心でいるべきだと言った。

次に、カウンセラーは、菜月さんに、自分の対応により、問題は改善したのか、それともいっそう悪化したのかを検討するよう言いました。また、なぜそうなったのかも合わせて検討するよう言いました。

◆ステップ3◆　結果

結果、菜月さんと彼はものすごく険悪な雰囲気になりました。お互いに傷つけ合って、最悪な誕生日となったのです。まさに彼の言うとおり、「トラウマ」になるような誕生日に。こうなったのは、自分が彼の言うことを否定して、レッテルを貼って批判し返したからだと思いました。

菜月：彼に思いやりを持って、優しく接したいと日頃は思っています。でもなぜかこのときは、もうどうしようもなくて……どうしてでしょうか。

カウンセラー：きっと菜月さんのそうした思いを邪魔するものが心の中にあったのです。たとえば、「彼の気持ちを丁寧に聞いてしまったら、もっと彼は怒りだして際限なく怒りがあふれ出すのではないか」とか「ここで私の非を認めてしまったら、彼を大事に思っていなかったことになってしまう」とか。

菜月：そのとおりです。彼をこれ以上怒らせるのが怖くて、なんとかその場を取り繕うのに必死でした。それで、ごはんを食べに行こうって言って話題を変えたんです。彼が自分のことを大事に思っていないと言うたびに、全力で否定しなければ、私が冷たい人間みたいになってしまうし。あと……彼が「トラウマになる」とか女々しくて大げさなことを言うのが嫌でしょうがなくて、それを否定しないと気がすまなかったんです。なんでこんなに嫌なのかよくわからないんですけど……。

カウンセラー：仮に本当に誕生日がトラウマになってしまったら、どうなると思いますか？　どんな点が嫌なんですか？

菜月：だって、私のせいで誕生日がトラウマになるのって、毎年私が悪いみたいで。毎年私のせいで彼が落ち込むのってすっごく嫌です。

カウンセラー：自分が悪いみたいなかんじがするのが、嫌。

菜月：そう。罪悪感に耐えられなくて。彼がトラウマとか大げさなこと言って、私の罪悪感をあおるのが嫌だったんですね。あとは……男の人には強くいてほしいっていう私の固定観念もあります。感情的な男性は、かっこ悪いって思ってしまうんです。

カウンセラー：男の人には感情的にならずにいてほしいという価値観を持っているので、彼が怒りだすのも、なんとか早くおさめたい。

菜月：そうです。この喧嘩はほんとに私にとってつらくて逃げ出したい修羅場でした。

菜月さんはカウンセラーとのやりとりの中で、なぜ自分が悪いコミュニケーションに陥っていたのかを理解できました。相手が怒っているときに、相手の感情や主張を聞いてしまったら、ますます相手は怒りだして手の付けようがなくなるのではないかと思うということはよくあることです。しかし、その怒りをおさめようと、別の話をするなどしてごまかそうとすると、かえって火に油を注ぐことになります。また、自分を否定されたくなくて、自分のプライドを守ろうとするあまり、「相手は間

効果的なコミュニケーションのための５つの秘訣
聞く技法
1. **武装解除法**：相手が言っていることが間違っていたり不公平だったりするように思えても、その中に何らかの真実を見出す。
2. **共感技法**：相手の立場に立って、その人の目を通して世界を見るように努める。 ●思考の共感技法：相手の言葉を別の言葉で言い換える。 ●感情の共感技法：相手の言っていることをもとに、相手がおそらくどのように感じているかを理解する。
3. **質問技法**：相手が何を考え、感じているかをより一層理解するために、丁寧に、真意を追求する質問をする。
自己表現技法
4. **「私は～と感じる」という言い方**：「あなたは間違っている」という「あなた」が主語になる評価的で決めつけた言い方ではなく、自分を主語にした「私はこういう気持ちだ」といった言い方にする。
5. **相手を尊重する技法**：たとえ言い争いが白熱している最中であっても、相手に対して何らかの誠実で前向きな言葉を伝える。

文献１の p.466 より一部改変。

違っていて、自分は正しい」といったスタンスで反撃するのも、より相手の怒りを爆発させます。

カウンセラーは、どんな対応にすれば、もう少しよい結果が得られたかについて検討するよう言いました。その際には、「効果的なコミュニケーションのための5つの秘訣」を参考にします（上の表参照）。修正した対応の文末に（　）で用いた技法の名前を書いておきます。

◆ステップ4◆　望ましい対応

菜月さんは、**武装解除法**が自分には必要だと思いました。彼の怒りや主張を無理にごまかしたり、否定したりせず、彼が言っていることに何らかの真実を見出すことにしたのです。

また、彼に「面倒くさい男」とレッテルを貼るかわりに、**相手を尊重する技法**を用いて、自分が彼を大事にしていることを伝えようと思いました。

菜月さんは自分のセリフを次のように修正しました。

望ましい対応

彼：まさか、俺の誕生日忘れてたわけ？　信じられないよ。おまえはだいたい、俺のことほんとに大事にしてるの？

菜月：ごめんなさい。ひどいことしちゃった。大事にしてないよね。ごめんなさい。**（武装解除法）**

彼：菜月はさ、俺の話も俺との思い出も全然覚えてないじゃん。菜月はたくさんいる友達のうちのひとりくらいにしか、俺のことを考えていないんだよ。いや、それ以下かもな！

菜月：確かに私は忘れっぽいよね。なんでも忘れてしまうから、大事にしてないって思われてもしょうがない。**（武装解除法）**

彼：本気なら、なんで大事な人の誕生日を忘れるんだ！　人を馬鹿にするのもいいかげんにしろ。おまえは最低の恋人だよ。つきあう人を不幸にするんだ。

菜月：こんなになんでも忘れてしまう私とつきあっていて、楽しくないよね。ごめんなさい。誕生日まで忘れてしまうなんて、最低の恋人って言われても仕方ないよ。**（武装解除法）**

彼：俺はもっと傷ついてるんだ！　彼女に誕生日を祝ってもらえないくらいなら、いっそひとりの方がよかったよ。あーあ、これで誕生日が俺のトラウマになるんだ。

菜月：たくさん傷つけてしまってごめんなさい。これから先も誕生日が来るたび、嫌な思いをさせてしまうんだ。私のせいよ。私はずっとつきあっていきたいし、大事にしたい。説得力ないと思うけど、ほんとにそう思ってる。**（相手を尊重する技法）**

菜月さんは、修正したセリフを見ながら、「実際の場面でこんなふうに言えたらいいのだけど、できるかな」と口にしました。カウンセラーは練習が必要であることや、実際、このような対応をして、彼との喧嘩を食い止められるかどうか試してみてはどうかと言いました。

技法を日常場面で実践する

菜月さんが武装解除法や相手を尊重する技法を練習する機会は、すぐに訪れました。彼が自分の親友のことを話しだしたときでした。

彼：田中がさ、今度結婚するんだ。

菜月：そうなんだ。え、誰だったっけ？

彼：ほら、田中だよ。大学時代からの親友の。

菜月：あああー……そうだったっけ？

彼：田中のことも忘れてるの？（すでに不機嫌そうに）なんでも忘れるんだね。

菜月：大事な親友のことまで忘れられたら、嫌よね。**（武装解除法）**

彼：そりゃそうだろ。菜月は俺のことに関心がないから、なんでも忘れるんじゃないのか？

菜月：ごめんなさい。あなたのこと、大好きだし、話していていつも楽しいのよ。でも、親友のことまで忘れてたら、いったい何を覚えているんだって思っちゃうよね。関心が足りないのかな。もっと集中すべきなのかもしれない。この忘れっぽさ、自分でも嫌になる。でもふたりで楽しく話がしたいのよ。**（武装解除法、相手を尊重する技法）**

彼：まあね。……まあさ、……忘れっぽいものは今に始まったことじゃないしね。わざとじゃないんだし。……それで、田中がさ、結婚する相手がまたすごいんだ。なんと20も年上なんだよ。

菜月：そうなの？　すごいね。どこで出会ったの？

彼：それが出会いの場もびっくりなんだよ。コンサートでたまたま隣だったらしくて……（略）

彼の怒りは、菜月さんの予想に反して、あっという間におさまっていきました。なんとか喧嘩にならずにすんだのです。

面倒くさい男とは別れた方がいい？

このお話を読んで、どう思われましたか？

中には「そんな面倒くさい男、別れた方がいい。菜月さんは自分の対応を変えるのではなくて、別の男を探した方がいい」という意見をお持ちの方もいらっしゃるでしょう。

きっと正解はありません。菜月さんの場合には、菜月さん自身が彼との関係をどうしたいのか、という点に注目しました。菜月さんが別れを選ぶのか、彼とうまくやっていくことを選ぶのかで、対応は全く異なるでしょう。

その後の菜月さん

半年後、菜月さんはカウンセラーのもとを訪れて、おもしろい報告をしてくれました。

菜月：彼とはおかげさまでうまくいってます。私が彼の気持ちをちゃんと聞くようになって、彼は前より面倒くさくなくなりました（笑）。チクチク間接的に嫌味を言うこともなくなったし、怒りだすこともなくなったし。きっと喧嘩になる前に、私が彼の気持ちを受け止めるようになったからでしょうね。もう面倒くさい男なんてレッテルを貼らなくてすみそうです。

「面倒くさい男」は、もしかしたら「相手の気持ちを聞き入れない女」によって作り出されていたのかもしれませんね。

相手の怒りに共感せず
ふたをして見ないふりをするのは逆効果!!

Case 22

家事をしない夫にイライラする千里《ちさと》さん（30代女性）

私はいつも家事に追われて夫にイライラしています。なぜなら、夫とペースが合わないからです。私はなんでもてきぱきとこなすタイプであるのに対して、夫はマイペースで、「そのうちやるから」が口癖で、結局なにもかも手つかずのままテレビを見てだらだらしています。どうしたら夫に家事をさせることができますか？

← 千里さんの悩みに答える Q&A

Q 1

私の夫は「そのうちやるから」が口癖のだらしない男です。そのため、家のことはなんでも私がやるはめに！　どうしていつも私ばかり損をするの！

千里さん

A

夫の感情への恐怖や自分のプライドに邪魔されることなく、夫の言っていることの中に真実を見つけ受け入れる。

——**武装解除法**

たとえ言い争いが白熱している最中であっても、夫に対して誠実で前向きな言葉を伝える。

——**相手を尊重する技法**

夫の感情を理解し、そのことを伝える。

——**共感技法**

「あなたは〜だ」という評価的で決めつけた言い方ではなく、自分の気持ちを率直に伝える。
――『私は〜と感じる』という言い方

夫はどうして家事をしないのか

事例の千里さんのような経験はありませんか？ 家事分担が妻ばかり……という話は、あちこちにあふれていますね。既婚女性が3人も集まればこの手の話題はお決まりコースです。女性同士で愚痴を吐き出し合うのも、気持ちがすっとするものです。しかし、根本的な解決には至らないケースがほとんどでしょう。

千里さんはこの問題を改善すべく、カウンセラーのもとを訪れました。カウンセラーは、千里さんと夫の具体的な会話のやりとりについて教えてほしいと言いました。

ある週末、千里さんは仕事の大事な資料作りでてんてこまいだったので、夫の唯一作ることのできる料理であるカレーライスを夕食に作ってもらうことにしました。夫は「よし、任せとけ」と気前のよい返事をしてくれました。千里さんは資料作りのため自室にこもってパソコン作業を始めました。

午前11時。リビングから夫の笑い声がしました。千里さんはリビングにコーヒーをつぎに行きました。夫はビデオを見て大笑いしていました。「あなた、カレーの材料は買ってきたの？　カレーは早めに作っておいた方がおいしいのよ」。夫はビデオから目を離さないまま「わかってるよー。任せとけ」と言いました。

午後2時。千里さんはもう一度リビングに行きました。夫はまだソファーに寝転んだままビデオを見ています。千里さんは、「ねぇ、カレーに入れるじゃがいもがないのよ。雨が降る前に買ってきたらいいのに」とせかしました。返事もしない夫にイライラしながら、キッチンににんじんや玉ねぎなどを並べておきました。「ねぇ、聞いてるの？　ここに置いた材料はあるんだからね。同じのを買ってこないでね。あと、玉ねぎはちゃんとじっくりきつね色になるまで炒めるのよ！」。ため息をつきながら千里さんは自室に戻りました。

午後4時。千里さんのイライラはピークでした。夫のふてぶてしい態度にイライラして、仕事が手につきません。ついに夫のもとへつかつかと歩み寄り、「いいかげんにして！　まだなんにもしてないの？　これじゃ夕飯に間に合わないわよ！　あなたはいつだってそうよ。なんにもしてくれないんだから！　どうしてこんなに忙しい私がなんでもしなくちゃいけないの！」と怒鳴りつけました。

夫も怒ってこう言いました。「おまえは仕事してればいいじゃないか！　いちいちでしゃばるな！　俺が作るって言ってるんだから。俺のやり方でやるんだから！」

千里さんはすぐに言い返しました。「俺のやり方？　単にぐずぐずしてるだけじゃない！　あなたにはなんにも任せられないのよ。結局自分でやった方がましだわ！」

怒った夫は「買い物に行けばいいんだろう！」と家を出て行きました。十数分後、戻ってきた夫の買ってきたものは……なんと千里さんが事前に家にあると告げておいたにんじんや玉ねぎだったのです。「一体、あなたは何を聞いていたの？　ほら、やっぱりあなたには任せられないわ！」

こうして千里さんは怒りながら、自分でカレーを作りました。千里さん夫婦はいつもこうです。結局夫はなんにもしなくて、千里さんばかりが家のことをしているのです。

具体的なやりとりを対人関係記録表にまとめてみる

カウンセラーは、千里さんに、その日の夫婦のやりとりを表にまとめるように言いました。

対人関係記録表
（午前11時） **千里**：あなた、カレーの材料は買ってきたの？　カレーは早めに作っておいた方がおいしいのよ。 **夫**：わかってるよ。任せとけ。

（午後2時）

千里：ねぇ、カレーに入れるじゃがいもがないのよ。雨が降る前に買ってきたらいいのに。

夫：返事をせずビデオを見ている。

千里：ねぇ、聞いてるの？　ここに置いた材料はあるんだからね。同じのを買ってこないでね。あと、玉ねぎはちゃんとじっくりきつね色になるまで炒めるのよ！（カレーの材料を並べておく）

夫：返事をせずビデオを見ている。

（午後4時）

千里：いい加減にして！　まだなんにもしてないの？　これじゃ夕飯に間に合わないわよ！　あなたはいつだってそうよ。なんにもしてくれないんだから！　どうしてこんなに忙しい私がなんでもしなくちゃいけないの！

夫：おまえは仕事してればいいじゃないか！　いちいちでしゃばるな！　俺が作るって言ってるんだから。俺のやり方でやるんだから！

千里：俺のやり方？　単にぐずぐずしてるだけじゃない！　あなたにはなんにも任せられないのよ。結局自分でやった方がましだわ！

夫：買い物に行けばいいんだろう！

（十数分後、買い物から帰ってきた夫に対して）

千里：一体、あなたは何を聞いていたの？　ほら、やっぱりあなたには任せられないわ！（自分でカレーを作り始める）

カウンセラーは千里さんに、支配的な傾向があるのではないかと尋ねました。千里さんはなんて失礼なことを言うカウンセラーだろうと思いましたが、こう言いました。

千里：そうですね。夫と一緒だとそうなってしまうんですよね。だって、私が監視していないと、夫はなんにもできないんです。家事が全然進まないんです。夫が仮に何かしてくれたって、私は全部手直ししなくちゃならなくて、ちっとも任せられないんです。

自己達成予言とは

カウンセラーは、「自己達成予言」について説明しました。千里さんが「どうせ夫はなんにもしない」と考えることで、それが現実になってしまっているということです。もう少し詳しくいえば、次のようになります。

「夫はなんにもしてくれない。やったってすごく取りかかりが遅いとか、やり直しが必要なくらいで、頼りにならない」と考える。

夫の行動を監視し、いろいろなアドバイスを送ったり、早くするように尻をたたく。

←

夫は自分のやり方に口を出されて、ペースをかき乱されイライラする。

←

夫は家事をしようというやる気が失せる。

←

夫は千里さんにイライラした気持ちを直接はぶつけずに無視したり、千里さんからのアドバイスを忘れたりして、間接的に攻撃する。

←

結果的に、予言どおりに家事をすべて千里さんがしなければならない。

これらの説明で、千里さんが、夫の一連の困った行動を強化するプログラムを、意識せずに自ら作

良いコミュニケーションのチェックリスト				
自分の対応が良いコミュニケーションの例に近いか、悪いコミュニケーションの例に近いか、当てはまる方に○をつけてください。				
	良いコミュニケーション	○	悪いコミュニケーション	○
共感	1. 相手の気持ちを理解し、相手の発言の中に何らかの真実を見つける。	×	1. 相手の気持ちを理解せず、相手が言っていることは全部間違いだと決めつける。	○
アサーション	2.「私は～と感じる」という言い方で自分の気持ちを率直に打ち明ける。	×	2. 自己防衛的に言い争ったり、相手を攻撃したりする。	○
尊重	3. 相手に対してイライラしたりめんどうくさかったりしても、相手を気遣い、尊重する。	×	3. 相手をけなしたり、冷たく、競争的になったり、恩着せがましいやり方で対応する。	○

文献1のp.464をもとに作成。

り上げていたことに気づきました。

次に、カウンセラーはこの対人関係記録表に記録したコミュニケーションについて、自分の対応が良いコミュニケーションだったか、悪いコミュニケーションだったかを分析するよう言いました。その判断材料には「良いコミュニケーションのチェックリスト」を用います。千里さんは表にチェックを入れてみました（上の表参照）。

千里さんのコミュニケーションは、悪いコミュニケーションにことごとく当てはまりました。千里さんは、夫の気持ちを理解して共感することをしませんでした。夫の話に耳を傾けませんでした。夫はおそらく、ビデオを楽しんでいる最中に千里さんから追い立てられ、うっとうしく感じていたことでしょう。しかし、千里さんはそんな夫の気持ちを無視して、「家事を今すぐすべき」と思っていました。

また、千里さんも夫の度重なる無視や生返事に、と

効果的なコミュニケーションのための５つの秘訣
聞く技法
1. **武装解除法**：相手が言っていることが間違っていたり不公平だったりするように思えても、その中に何らかの真実を見出す。
2. **共感技法**：相手の立場に立って、その人の目を通して世界を見るように努める。 ●思考の共感技法：相手の言葉を別の言葉で言い換える。 ●感情の共感技法：相手の言っていることをもとに、相手がおそらくどのように感じているかを理解する。
3. **質問技法**：相手が何を考え、感じているかをより一層理解するために、丁寧に、真意を追求する質問をする。
自己表現技法
4. **「私は～と感じる」という言い方**：「あなたは間違っている」という「あなた」が主語になる評価的で決めつけた言い方ではなく、自分を主語にした「私はこういう気持ちだ」といった言い方にする。
5. **相手を尊重する技法**：たとえ言い争いが白熱している最中であっても、相手に対して何らかの誠実で前向きな言葉を伝える。

文献１の p.466 より一部改変。

ても傷つき苛立《いらだ》っていました。そういう自分の気持ちを率直に伝えることなく、夫を批判しました。相手に対する気遣いや尊重はありませんでした。「この役立たず！」と心の中で叫んでいたからです。

カウンセラーは、どんな対応にすれば、もう少し良い結果が得られたかについて検討するよう言いました。その際には、「効果的なコミュニケーションのための5つの秘訣」を参考にします（上の表参照）。修正した対応の文末に（　）で用いた技法の名前を書いておきます。

千里さんは、午後4時に、夫が「おまえは仕事してればいいじゃないか！　俺が作るって言ってるんだから。俺のやり方でやるんだから！」と言った時点から、自分の対応を修正してみることにしました。

望ましい対応

千里：いいかげんにして！　まだなんにもしてないの？　これじゃ夕飯に間に合わないわよ！　あなたはいつだってそうよ。なんにもしてくれないんだから！　どうしてこんなに忙しい私がなんでもしなくちゃいけないの！

夫：おまえは仕事してればいいじゃないか！　俺が作るって言ってるんだから。俺のやり方でやるんだから！

千里：でしゃばりって言われるとつらいわ。傷つく。（**「私は〜と感じる」という言い方**）でもあなたの言うとおりよ。私がいちいちカレーを作り始める時間から材料のことから首をつっこむと、あなただってイライラするわよね。（**武装解除法、感情の共感技法**）私はあなたを尊敬しているし、もっと仲良くやっていきたいのよ。（**相手を尊重する技法**）今どんな気持ちか教えて。（**質問技法**）やっぱり私がいろいろ言いすぎたからうんざりしてる？（**感情の共感技法、質問技法**）あなたがせっかく休日にビデオを楽しんでいたところなんだし、あなたは昔からカレーをおいしく作ることができるのにいちいち私から口出しされる必要はないわよね。（**感情の共感技法**）

千里さんは分析を終えてこう言いました。

千里：私、どうしたら夫の態度を改めさせられるかを必死になって考えてきました。どうしたら家事をやらせることができるか、しかも完璧にやらせることができるかと。口すっぱく言ってみたり、放っておいたり、してくれたら褒めたり。でも、結局どれもあまり効果がなかったんです。今回教えてもらった方法は、これまで試した方法のどれとも違います。夫のぐずぐずする態度ではなく、気持ちに焦点を当てて、共感するんですね。そういうことは意識したことがなかったです。あと、私の気持ちを夫に伝える……というのも、わざわざ言わなくてもわかるだろうと思っていましたし、伝えたところでなんになるという気もして、伝えていませんでした。ちゃんとできるか自信はありませんけど、さっそく試してみます。

その後の千里さん

それから1週間後、カウンセラーに千里さんはこう報告しました。

千里：あれから、ここで練習したことがすぐに役立ちました。先日、夫に掃除をしておいてほしいって頼んだんです。今までの私なら細かい注文をつけて、その後も彼をずっと監督していたと思うんです。あ、もちろん、やり方は説明しましたよ。そしたら案の定、夫はまたうんざりした顔をしていて。そこで丁寧に丁寧に、あの人の気持ちに焦点を当てて話し合ってみたんです。夫は調子が狂ったみたいでした。「今日はえらく優しいね」って驚いていました。夫が私のこと無視せずに自分の気持ちを話してくれたのは初めてでした。いつもみたいな攻撃的なやりとりにならずにすんだんです。結果、いつものように私は掃除の仕方について夫に伝えることができ、なおかつ喧嘩にならずにすんで、さらにいつもより夫は完璧に掃除をしてくれたんですよ。びっくりです。肝心だったのは、どうやって夫の行動をコントロールするかではなく、どうやって夫の気持ちを理解して尊重するかだったんですね。

もし千里さんが、「家事は夫婦で分担して当然で、分担することが正しい。それを嫌がる夫はどう考えても間違い！」という考えで立ち止まっていては、このような結果は得られませんでした。お互いが気持ちを理解し合い、尊重し合って初めて、なんらかの正しい結果が得られるのかもしれません。夫婦関係のちょっとした見直しにいかがでしょうか。

Case 23

仕切りたがり屋の友達に悩む直美《なおみ》さん（20代女性）

私の学生時代からの仲良し4人組のうちのひとり、瞳は、昔からいわゆる仕切り屋で、毎年みんなで行く旅行の計画を立ててくれています。ある日、瞳が事前に皆に何の相談もなく旅館を予約しました。私は「え、もう予約したの？」と言うと、瞳は気を悪くしてしまい、険悪な雰囲気になりました。

← 直美さんの悩みに答えるQ&A

Q1

仕切り屋の友達がいます。なんでもひとりで決めてしまって困ります。

直美さん

A

友達の感情への恐怖や自分のプライドに邪魔されることなく、友達の言っていることの中に真実を見つけ、受け入れる。

――**武装解除法**

たとえ言い争いが白熱している最中であっても、友達に誠実で前向きな言葉を伝える。

――**相手を尊重する技法**

友達の感情を理解し、そのことを伝える。

――**共感技法**

「あなたは～だ」という評価的で決めつけた言い方ではなく、自分の気持ちを率直に伝える。

――**「私は～と感じる」という言い方**

ありがた迷惑な仕切り屋を傷つけたくない

いわゆる仕切り屋さんは、地域の集まりや会社などある集団にひとりいてくれると、大変助かりますね。その反面、ひとりで何もかも決めてしまうワンマンな仕切り屋に出くわすこともあるかもしれません。このお話に出てきた瞳さんのように、皆によかれと思って動いてくれたにもかかわらず、それがちょっとみんなのニーズとずれてしまっている場合、どうしたらいいでしょう。いわゆる「ありがた迷惑」な現象は、仕切り屋本人にとっても周囲の人にとっても、心地いいものではありません。お互い悪気はないはずなのに、これがもめごとの発端になってしまうとしたら、とてももったいない話です。直美さんは、このピンチをどう切り抜けたらいいでしょう。

気まずい場面の詳細を振り返ると……

直美さんの友達の瞳さんが、旅行の計画をひとりで進めてしまった場面を振り返ってみましょう。

詳細はこうでした。瞳さんは女友達3人を集めてこう言ったのです。

「今年の冬の旅行は、みんなでスキーに行こう！　スキー場とか温泉とか近くにあるいい旅館、もう年末に予約しちゃった！」

みんなは瞳さんが事前に何の相談もなく旅館を予約したことに驚いていました。女友達のうち、2人は結婚し、家庭を持ったため年末年始は独身のときのようにひとりで好きなようにはできなくなっていたのです。

そんな雰囲気を察して、直美さんは
「え、もう予約したの？」

と言いました。瞳さんはみんなに
「え？　すごく人気の旅館で、やっと予約できたんだよ。せっかく4人で楽しもうと思ったのに反対なわけ？」

と気を悪くしてしまいました。直美さんも、

「だって、瞳はなんの相談もなくひとりで決めちゃうんだもん」

と言ったので、とても険悪な雰囲気になったのでした。

直美さんは、その日は険悪な雰囲気のまま瞳さんやみんなと別れました。大事な親友たちとの楽しいはずの旅行の計画で、こんなことになってしまうのは本当に残念でした。

直美さんは、以前から瞳さんの暴走癖が気になっていました。これをいい機会に改めてもらうようずばり指摘したのです。その結果がこれです。どうにかして関係を修復したくて、カウンセラーのもとを訪れました。

カウンセラーのもとを訪れた直美さん

カウンセラーは、まず直美さんに一連のやりとりの詳細について具体的に教えてほしいと言いました。直美さんはふたりのやりとりを次のように書き出しました。

対人関係記録表

瞳：今年の冬の旅行は、みんなでスキーに行こう！　スキー場とか温泉とか近くにあるいい旅館、もう年末に予約しちゃった！
直美：え、もう予約したの？
瞳：え？　すごく人気の旅館で、やっと予約できたんだよ。せっかく4人で楽しもうと思ったのに反対なわけ？
直美：だって、瞳はなんの相談もなくひとりで決めちゃうんだもん。

次に、カウンセラーはこの対人関係記録表に記録したコミュニケーションについて、自分の対応が

良いコミュニケーションのチェックリスト				
自分の対応が良いコミュニケーションの例に近いか、悪いコミュニケーションの例に近いか、当てはまる方に○をつけてください。				
	良いコミュニケーション	○	悪いコミュニケーション	○
共感	1. 相手の気持ちを理解し、相手の発言の中に何らかの真実を見つける。	×	1. 相手の気持ちを理解せず、相手が言っていることは全部間違いだと決めつける。	○
アサーション	2.「私は～と感じる」という言い方で自分の気持ちを率直に打ち明ける。	×	2. 自己防衛的に言い争ったり、相手を攻撃したりする。	○
尊重	3. 相手に対してイライラしたりめんどうくさかったりしても、相手を気遣い、尊重する。	×	3. 相手をけなしたり、冷たく、競争的になったり、恩着せがましいやり方で対応する。	○

文献1のp.464をもとに作成。

良いコミュニケーションだったか、悪いコミュニケーションだったかを分析するよう言いました。その判断材料には「良いコミュニケーションのチェックリスト」を用います。直美さんは表にチェックを入れてみました（上の表参照）。

直美さんのコミュニケーションは、一見すると普通の会話に見えましたが、この表に当てはめてみると悪いコミュニケーションに当てはまりました。直美さんは、旅行を手配してくれた瞳さんの善意について一切共感していませんでした。驚きつつがっかりしている気持ちが態度から伝わりました。直美さんはそういう自分の気持ちについては適切に伝えないまま、「え？もう予約したの？」とだけ言ったのです。

一方、仕切り屋の瞳さんも「直美さんたちは、私がなかなか予約の取れない人気旅館をおさえたことを知ったら喜んでくれるにちがいない！」という期待をすっかり外されてしまい、がっかりしたり、もしくは

効果的なコミュニケーションのための５つの秘訣
聞く技法
1. **武装解除法**：相手が言っていることが間違っていたり不公平だったりするように思えても、その中に何らかの真実を見出す。
2. **共感技法**：相手の立場に立って、その人の目を通して世界を見るように努める。 ●思考の共感技法：相手の言葉を別の言葉で言い換える。 ●感情の共感技法：相手の言っていることをもとに、相手がおそらくどのように感じているかを理解する。
3. **質問技法**：相手が何を考え、感じているかをより一層理解するために、丁寧に、真意を追求する質問をする。
自己表現技法
4. **「私は〜と感じる」という言い方**：「あなたは間違っている」という「あなた」が主語になる評価的で決めつけた言い方ではなく、自分を主語にした「私はこういう気持ちだ」といった言い方にする。
5. **相手を尊重する技法**：たとえ言い争いが白熱している最中であっても、相手に対して何らかの誠実で前向きな言葉を伝える。

文献１の p.466 より一部改変。

「自分たちは何も旅行の手配をしなかったくせに、文句だけつけて」と怒っていたりしたかもしれません。しかし、その気持ちをまた直美さんは受け止めてくれませんでした。それどころか直美さんは、「なんの相談もなくひとりで決めてしまう」といって、瞳さんのやり方を批判したのです。

カウンセラーは、どんな対応にすれば、もう少し良い結果が得られたかについて検討するよう言いました。その際には、「効果的なコミュニケーションのための５つの秘訣」を参考にします（上の表参照）。修正した対応の文末に（　）で用いた技法の名前を書いておきます。

直美さんは、次のように自分の対応を修正しました。

望ましい対応

瞳：今年の冬の旅行は、みんなでスキーに行こう！　スキー場とか温泉とか近くにあるいい旅館、もう年末に予約しちゃった！

直美：旅館の予約をありがとう。瞳はいつも先頭に立っていろいろ手配してくれるから助かるよ。スキーも温泉もいいかんじね。4人みんなで行けたら楽しそう。みんなの予定が合うか、ちょっと心配なんだけど。

瞳：え？　すごく人気の旅館で、やっと予約できたんだよ。せっかく4人で楽しもうと思ったのに反対なわけ？

直美：私も瞳と同じように楽しい旅行にしたいって思ってるよ（**「私は〜と感じる」という言い方**）。せっかく人気の旅館をとってくれたのに、反応が期待はずれでごめんね（**武装解除法、感情の共感技法**）。瞳はいつも面倒なことでも友達のために労をいとわずがんばってくれるもんね（**武装解除法**）。なのに、思ったように喜ばれなかったら、がっかりするよね（**感情の共感技法**）。せっかくのいい旅館なんだからみんなで一緒に楽しめたらって思う（**「私は〜と感じる」という言い方、相手を尊重する技法**）。瞳は大事な友達だから（**相手を尊重する技法**）。なんとかみんなで楽しく旅行に行けるプランを考えたいな。

直美さんの対応が、ずいぶん変わったように感じませんか？　直美さんは以前から心優しい女性です。心の中では、いつも仕切ってくれる瞳さんに感謝していたのです。しかし、不意な年末旅行の提案に驚いてしまい、瞳さんの気持ちを一旦受け止めて共感するゆとりをなくしていたのでした。「瞳さんの仕切りはありがたいんだけど、相談もなしに……」こんなふうに言ったとしても、私たちには「〜だけど」「〜けれども」といった逆説の言葉の後の文章の方が、印象に残る性質があるようです。「あの人は美人だけど、性格が悪い」といった場合、どんなに前半の文章で「美人」といわれていても、「だけど」を挟んで「性格が悪い」の方が強調されてしまいませんか？　相手に共感することは、本当に難しいことですね。「あなたの言い分はわかるけれども、＋《プラス》（自分の主張）」という言い方は一見よさそうですが、余計嫌味に聞こえたり、形式だけ共感したという印象を与えたりするのです。

　こうしたことを防ぐためには、やはり共感の作業を急がない、省略しないということが大切です。直美さんの修正後の対応は、ひたすら瞳さんの気持ちに焦点を当てています。また、瞳さんを尊重し、同じように旅行を楽しみたいという気持ちがあることを伝えています。「あなたにみんなの年末の予定を聞いてから旅館の予約をしてほしかった」という要望

瞳さんの心の中
みんな喜んでくれると思ったのに
がっかり
悲しい
せっかく予約したのに……

を伝えるのは、もう少し瞳さんの気持ちが落ち着いてからでいいのです。

直美さんとの和解

直美さんは、その後、瞳さんとふたりで会うことにしました。前回の気まずい場面について直美さんは切り出しました。

直美：このあいだは、旅行の手配をしてくれたのに、なんかお礼も言わないままでごめんね。私も瞳と同じように楽しい旅行にしたいって思ってる。瞳がせっかく人気の旅館をとってくれたのに、反応が期待はずれでごめんね。瞳はいつも面倒なことでも友達のために労をいとわずがんばってくれるもんね。それなのに、思ったように喜ばれなかったら、がっかりするよね。どんな気持ちだった？

瞳：いや、いいよ。ごめんね。私こそ、急ぎすぎてたんだ。みんなに何にも相談しなくて。すっごく人気の旅館って聞いてさ、こりゃ急がなきゃって思ってさ。

瞳さんと直美さんはそれからすっかり仲直りして旅行の計画を楽しく立てることができました。

相手が友達でも、家族でも、職場の人でも、この共感にじっくり時間をかける方法は驚くほど役立ちます。「このくらい（の共感している気持ちを）言わなくてもわかるだろう」という考えは、あえて封印して、きちんと言葉に出して伝えることが大切です。急がば回れです。どんな相手も、自分の気持ちをきちんと受け止めてくれる相手を求めているものです。

また、表面上は対立した意見を持っているときでも、心の奥底には、同じゴールを描いていることもよくあります。この瞳さんと直美さんの例でも、一見対立した意見を持っていましたが、ふたりとも「4人で楽しく旅行に行きたい」というゴールを共通して持っていたのです。こうした心の奥底の共通したゴールに気づいて、協力し合おうと思う姿勢もコミュニケーションを円滑に進めるコツといえます。夫婦喧嘩の根底には、「仲の良い家族でありたい」という共通したゴールがあるかもしれません。職場での意見の対立の根底には、「よい成果をあげたい」という共通したゴールがあるのかもしれません。お互いをにらみあって、対立する構図から、共に手を取り同じゴールを見据えて歩む構図に変えられるかどうかは、他でもないあなたにかかっているのです。

文献

1．『人間関係の悩み　さようなら―素晴らしい対人関係を築くために』デビッド・D・バーンズ著、野村総一郎監修、中島美鈴監訳、佐藤美奈子訳、星和書店、2012年

2．『不安もパニックも、さようなら―不安障害の認知行動療法：薬を使うことなくあなたの人生を変化させるために』デビッド・D・バーンズ著、野村総一郎、中島美鈴監修・監訳、林建郎訳、星和書店、2011年

3．『もういちど自分らしさに出会うための10日間―自尊感情をとりもどすためのプログラム』デビッド・D・バーンズ著、野村総一郎、中島美鈴監修・監訳、林建郎訳、星和書店、2009年

付　録

満足度予想表			
活動の内容	**一緒に行う人**	**予想される満足度**	**実際の満足度**
喜びや自分の成長につながりそうな活動を記入	一人で行うときは「自分と」と記入	活動する前に満足度を0～100%で予想	活動した後に満足度を0～100%で記入

文献2のp.747より一部改変。

予想される問題と解決策	
問題	**解決策**

不安階層表

	高 ←									低
レベル	10	9	8	7	6	5	4	3	2	1
不安の対象										

良いコミュニケーションのチェックリスト				
自分の対応が良いコミュニケーションの例に近いか、悪いコミュニケーションの例に近いか、当てはまる方に○をつけてください。				
	良いコミュニケーション	○	悪いコミュニケーション	○
共感	1. 相手の気持ちを理解し、相手の発言の中に何らかの真実を見つける。		1. 相手の気持ちを理解せず、相手が言っていることは全部間違いだと決めつける。	
アサーション	2.「私は～と感じる」という言い方で自分の気持ちを率直に打ち明ける。		2. 自己防衛的に言い争ったり、相手を攻撃したりする。	
尊重	3. 相手に対してイライラしたりめんどうくさかったりしても、相手を気遣い、尊重する。		3. 相手をけなしたり、冷たく、競争的になったり、恩着せがましいやり方で対応する。	

文献1のp.464より一部改変。

効果的なコミュニケーションのための5つの秘訣
聞く技法
1. **武装解除法**：相手が言っていることが間違っていたり不公平だったりするように思えても、その中に何らかの真実を見出す。
2. **共感技法**：相手の立場に立って、その人の目を通して世界を見るように努める。 ●思考の共感技法：相手の言葉を別の言葉で言い換える。 ●感情の共感技法：相手の言っていることをもとに、相手がおそらくどのように感じているかを理解する。
3. **質問技法**：相手が何を考え、感じているかをより一層理解するために、丁寧に、真意を追求する質問をする。
自己表現技法
4. **「私は～と感じる」という言い方**：「あなたは間違っている」という「あなた」が主語になる評価的で決めつけた言い方ではなく、自分を主語にした「私はこういう気持ちだ」といった言い方にする。
5. **相手を尊重する技法**：たとえ言い争いが白熱している最中であっても、相手に対して何らかの誠実で前向きな言葉を伝える。

文献1のp.466より一部改変。

コミュニケーションの一般的な誤り	
対人関係記録表に書いた対応を見直してください。以下のコミュニケーションの誤りのうち当てはまるものはありませんか？	
1. **私は正しい**：自分は正しく、相手は間違っていると言い張る。	10. **直面している問題からの逃避**：話題を変えたり、過去のことを持ち出したりする。
2. **他者非難**：問題はすべて相手の責任だとほのめかす。	11. **自己非難**：相手から批判されないように、ひらきなおって自分がひどい人間ぶる。 例）どうせ私は卑劣な人間よ！
3. **自己防衛過剰**：自分の欠点や短所を一切認めず、言い争う。	12. **絶望感**：自分はあらゆることを試したが何もうまくいかないと主張する。
4. **犠牲者ぶる**：自分は無実で、あまりに非道な相手の犠牲者であると主張する。	13. **支配**：相手に自分の期待どおりに「すべき」だと主張する。
5. **こきおろし**：辛らつで傷つける言葉を使って、相手に劣等感や恥辱を感じさせる。	14. **否定**：この問題において自分には責任がないと主張したり、自分の本当の感情を否定したりする。
6. **レッテル貼り**：相手に「まぬけ」とか「負け犬」などのレッテルを貼る。	15. **手助け**：相手の話に耳を傾けずに、アドバイスしたり助けたりしようとする。
7. **皮肉**：態度や言葉や声の調子で相手を見くびったり、恩着せがましくしたりする。	16. **問題解決**：相手の気持ちを無視し、相手の悩みを解決しようとする。
8. **反撃**：相手からの批判に対して、こちらも批判で応じる。	17. **受動攻撃**：無視したり、すねたり、ドアをぴしゃりと閉めるなどの間接的な形で攻撃する。
9. **責任転嫁**：相手に欠点があったり、能力がなかったりするので問題の責任を押しつける。	18. **心の読みすぎ**：話さなくても相手は自分の気持ちをわかってくれると期待する。

文献1のp.465より一部改変。

人との対立の引き金となる思い込み			
服従	1.	他者を喜ばせる	たとえ自分がみじめになってもいつも相手を喜ばせるよう努めるべきだ。
↑	2.	対立への恐怖／怒りへの恐怖	お互いに愛し合う者たちは、争うべきでない。怒りは危険だ。
	3.	相手の自己愛を感じ取る	自分が批判や反論をすると、相手は耐えられずにくじけてしまうと思う。
	4.	自己非難	相手との間の問題は、すべて私のせいだ。
	5.	権利の要求	私は相手から期待どおりに扱ってもらうべきだ。私を幸せにするのが相手の務めだ。
	6.	正当性／公平さ	相手が私の期待に添えないならば、私は怒り狂い、相手を罰して当然だ。
↓	7.	真実は我にあり	私は正しく、相手は間違っている。相手はそれを認めた方がいい。
支配	8.	他者非難	相手との間の問題は、すべて相手のせいだ。
依存	9.	愛情依存	相手から愛されていなければ幸せでいられない。
↑	10.	拒絶されることへの恐怖	もし相手から拒絶されたら、私は価値がないということになるし、私はひとりでは幸せになれない。
	11.	承認依存	私は幸せで自分に価値があると感じるためには、相手から認められる必要がある。
	12.	心読みの期待しすぎ	もし相手が自分のことを本当に愛しているのなら、いちいち説明しなくても、相手は私が何を必要とし、どんな気分でいるかわかる。
	13.	業績依存	自尊感情は、私の達成、知性、あるいは収入によって決まる。
	14.	完全主義	私は決して失敗もミスもしてはいけない。もし失敗したら、私は価値のない人間ということになる。
↓	15.	相手の完全主義を感じ取る	相手は、私のような欠点のある人間をありのままに愛したり、受け入れたりはしてくれないだろう。
分離	16.	自己開示恐怖	私は人に素直な気持ちを話すことはできない。本当の自分を隠さなければならない。

文献1のp.95より一部改変。

おわりに

この本は、いくつも素敵な出会いが積み重なってできました。

一つ目は、デビッド・バーンズ先生の著書『Ten Days to Self-Esteem』との出会いです。この本は自尊感情をとりもどすために、ひとりで読み進め書きこんでいくワークブック形式の認知行動療法の本です。この本に出会った20代の頃の私は、衝撃を受けました。認知行動療法のテクニックがわかりやすく解説されていて、みるみるうちに自分の心が軽くなったからです。こんなに役立つものがあるのかと驚き、もっと世の中に広めたいと思いました。

二つ目は、この本でもお世話になっている出版社、星和書店との出会いです。デビット・バーンズ先生の著書を世の中にもっと広めたい、翻訳本が新たに出るらしいという情報を得た私は、ある日何の面識もない東京の出版社、星和書店に突然電話しました。電話で対応してくださった社長さんからすれば、非常に不審な電話だったことでしょう。にもかかわらず、結果的には前掲書の翻訳に携わることを承諾してくださり（邦題は『もういちど自分らしさに出会うための10日間―自尊感情をとりもどすためのプログラム』）、さらにはその本をもとにして作った集団認知行動療法ワークブック『私らしさよ、こんにちは―新しい5日間の集団認知行動療法ワークブック』の出版、ひとりで読み進めることのできる認知行動療法の本『自信がもてないあなたのための8つの認知行動療法レッスン』の出版などでもお世話になることになりました。そして、本書の企画は、私が子どもを産んで2カ月ほどした頃に社長さんからいただいたメールで始まりました。バーンズ先生の本の認知行動療法のテクニックを広めるために、事例を日本の文化に沿ったものにして、書き込み式ワークではなく気軽に読み進められるような本を作りましょうということでした。私は初めての育児が始まったばかりで不安もありましたが、こんないい企画はない！と飛びつきました。

三つ目は、育児真っ只中であった私を支えてくれた方々との出会いでした。執筆のための時間を作るためには、生まれたばかりの息子の世話を手助けしてくれる人が必要でした。母、義母、夫、ファミリーサポートの方、ベビーシッターさん、多くの方に助けられました。そこまでして出版したかったのは、私の「ママになっても出版したい」という強い希望があったからです。彼らが私の仕事を深く理解してくれていたからこそ、続けることができました。また、子どもの夜泣きや度重なる病気で執筆が中断した時期もありましたが、我慢強く励まし、待っていてくださった編集の桜岡さおりさんにも感謝いたします。

四つ目は、多くの患者さんや友人たちとの出会いでした。事例を書き進める際に、これまでお会いして悩みを打ち明けてくださった多くの患者さんや、身近な友人たちの存在は、とても参考になりました。いろんな方々の人生に触れて、その気持ちを共に味わい、解決に向けて共にもがいたからこそ、この本を完成させることができました。まだまだ頼りないカウンセラーとしての私、友人としての私とつきあってくれてありがとうございます。
そんな多くの出会いから生まれたこの本が、今こうしてあなたの手元にあります。あなたにとって、この本はよい出会いになっているでしょうか。少しでも人生を豊かにするヒントになることを願っています。

2014年11月

中島 美鈴

著者

中島美鈴（なかしま　みすず）

臨床心理士。1978 年，福岡県生まれ。2001 年，広島大学大学院教育学研究科を修了後，精神科医療に携わり，アメリカ人スーパーヴァイザーの指導のもと，集団認知行動療法を始める。2005 年より独立行政法人国立病院機構肥前精神医療センター勤務。2009 年より東京大学大学院総合文化研究科助教。2010 年より福岡大学人文学部研究員。2014 年より福岡県職員相談室に勤務。福岡保護観察所にて薬物依存の，佐賀少年刑務所，福岡少年院および福岡刑務所にて性加害の集団認知行動療法に携わる。
著書:『自信がもてないあなたのための 8 つの認知行動療法レッスン』(2010),『私らしさよ，こんにちは』(2009),『集団認知行動療法実践マニュアル』（共編著，2011）訳書:『人間関係の悩み　さようなら』(監訳，2012),『不安もパニックも，さようなら』(監修・監訳，2011),『もういちど自分らしさに出会うための 10 日間』(監修・監訳，2009)（以上，星和書店）ほか著訳書多数。

くよくよ悩んでいるあなたにおくる幸せのストーリー
重〜い気分を軽くする認知行動療法の34のテクニック

2015年4月10日　初版第1刷発行
2016年5月26日　初版第2刷発行

著　者　中島美鈴
発行者　石澤雄司
発行所　株式会社星和書店
〒168-0074　東京都杉並区上高井戸1-2-5
電話　03（3329）0031（営業部）／03（3329）0033（編集部）
FAX　03（5374）7186（営業部）／03（5374）7185（編集部）
http://www.seiwa-pb.co.jp

　Printed in Japan　ISBN978-4-7911-0898-5